日本の感性が世界を変える

言語生態学的文明論

鈴木孝夫

新潮選書

日本の感性が世界を変える　言語生態学的文明論◇目次

日本の感性が世界を変える

言語生態学的文明論

序章　世界の主導文明の交代劇が今、幕を開けようとしている

十六世紀に始まる大航海時代以後現在まで、世界はあらゆる意味で西欧文明の主導する時代でした。ところがその時代が今まさに終わりを告げようとしています。それはこの人間中心主義（または人間至上主義）に裏打ちされた、理性と論理を極端に重視する西欧文明が、いろいろな点で行き詰まりを見せ始めているからです。

私の見るところ、これまでの西欧型の近現代人の目指す目標は、人間の幸福と繁栄のみであり、それに向かって止め処《ど》のない生活向上や技術の発展を求め続けたために、自然界の安定した秩序を殆ど回復不能にまで破壊してしまいました。その結果としてこのままでは肝心の自分たち人間の存在基盤までをも、掘り崩しかねないという、なんとも皮肉な自己矛盾をはらむ、人類自滅の道につながることが急速に明らかとなってきたのです。

私は人間だけがこの世界で特別の、他の生物一切から隔絶した特権的な地位を占める存在ではないと確信しています。そこで今地球規模で急速に進行中の、人間圏をも含む自然生態系の崩壊を何とか食い止めるために、西欧キリスト教的世界観から見れば、これまで明らかに異端

視されてきたアニミズム的で汎神論的な世界観こそが、今改めて世界的に見直されるべきだと考えているのです。

難しい議論は抜きにしても、少し注意深くあたりを見渡せば、地球上のあらゆる生命体は、可視不可視の無数の糸で互いに複雑に結ばれていることが誰にでも分かるはずです。我々の住むこの地球は、結局のところ宇宙船地球号という一つの閉鎖空間でしかないのですから、人間も他のもろもろの生物と基本的には同じ資格の、数ある乗客の一員に過ぎないことを忘れてはならないのです。

前世紀後半から今世紀の初めにかけて活躍した米国の歴史学者サミュエル・ハンチントン[注1]は一連の著作の中で、現在の世界には七つ（もしくは八つ）の独立した文明が存在すると述べています。独立した文明とは何かと言うと、その全体としてのまとまりから見て、ほかの文明の亜流または傍流といった位置付けをすることが難しいと考えられるものですが、この七つの独立文明の中に我々の日本文明も含まれています。

そしてハンチントンは、この日本文明には他の文明にはない際立った特徴があると言うのです。その特徴とは、日本文明だけがほかのどの文明とも互いに共通する重要な文明の構成要素、すなわち宗教、言語、文化、民族、そして領域をもたず、これら総ての点で日本がまとまっていることだと述べています。つまり日本文明は大きな文明ではあるが、孤立した文明だというのです。

このハンチントンの指摘は、まさに私が以前から日本という国は世界の中で、他から切り離されそれだけでほぼ自己完結している、小さな別世界だと言ってきたことと同じであって、彼は、日本を韓国やベトナムなどと並ぶ中華文明の文化的衛星国とする見方に賛成しなかった、英国のトインビーなどの思想的系列に属する学者だと思います。

日本以外の主要な文明は互いに言語や宗教が同系であったり、一つの国家の内部に複数の民族や言語、そして宗教までが含まれていたりすることでも分かるように、歴史上数え切れない戦争を含む相互の対立抗争や和解と融合といった、直接的な異文明間の接触や干渉対立が絶えませんでした。この意味ではヨーロッパ文明と南北アメリカ文明、そしてユダヤ、イスラーム文明、更にはインド文明の間では、互いに他の文明の存在は、かなりまえから何らかの意味で意識されていたわけです。

ところがこれらの諸文明のどれもが、日本の存在をはっきりと意識したことは、近代も後期になるまでは殆どなかったと考えられるのです。中華文明圏と日本の関係だけは別でした。この意味からしても日本だけが今でも世界のなかで異質なのです。

その最大の理由は、日本が近世以降の世界で最強の文明群である啓典の書を共有する人々、つまりユダヤ教徒、キリスト教徒、そしてイスラーム教徒たちと、ごくわずかな期間を除いて、殆ど直接の接触がなかったことによるのです。そして唯一深い関係を持った中華文明圏との交流の実態は、その殆どが文献を通しての文物の習得と、もたらされた優れた技術や制度を自分流に解釈し改良するという形でした。これは世界でも類を見ない、大規模な人間的接触を欠く間接文化受容であったため、もともとの独自性を日本はなんとか失わずに今でも保持している

のです。[注2]

ところがこの小さな孤立した異質の日本文明が、これまで世界を大航海時代以後数百年にわたって支配してきた西洋文明と、嫌でも交代せざるを得ない劇的局面を、いま人類が迎えているというのが、この本の中で私の展開する文明論の骨子に他なりません。

日本文明の強さの秘密は、それが二枚腰文明だからだ

なぜ小さな孤立文明である日本が、いま行き詰まりを見せている西欧文明に代わって、人類社会がこれから目指すべき新しい目標を示せるのかというと、日本というアジアの小国は、西欧文明の影響を明治開国以後、これまで急激に、しかも強く深く受けてきたにもかかわらず、未だに「生きとし生けるものすべては、互いに複雑な共存共栄の無数の網目でつながっている」という、今ではほとんどの大文明が失ってしまった、古代のアニミズム的で汎神論的な自然観を、未だにかろうじて保持している唯一の、しかも強力な先進近代国家だからです。

日本は長らく孤立していたがために、近代になって圧倒的な西欧文明の影響を受けたにもかかわらず、本来の古代文明の要素をも完全には失うことなく基層文化として残している、言ってみれば二枚腰の二重構造を持っている唯一の、しかも強力な文明なのです。

この古代的な、人間と自然を対立した上下関係にあるとは考えない世界観の今日的な見直しを、私たち日本人が音頭を取ってどこまで世界に広めることができるかに、人類のこれ以上の

暴走を食い止め、少しでも破局の到来を先送りできるかどうかがかかっていると私は考えているのです。

ところがなんとも残念なことに、私たちの日本文明にはこのように〈西欧の文明がいち早く失ってしまった《人間としての自然に対する節度や畏敬の念》とでも表現すべきものがある〉という事実を、肝心の日本人自身、それも社会の指導的立場にある、特に西欧的教養のみで育った多くの知識人たちは、必ずしもはっきりと自覚していません。いや自覚していないどころか、あらゆる物事の裏に見え隠れしている、日本人なら誰でもまだ多少は持っている、この非西欧的な特質の存在にたとえ気付いていても、それを積極的に評価しようとはしないで、むしろ一刻も早く克服されるべき日本の近代化の遅れ、前近代性の残滓《ざんし》と考える人も、少なからずいるので事は簡単ではないのです。

私の専門である言語学の領域でも、たとえば日本語には欧米の言語のように明確な一人称と二人称の対立的な区別がないのは、日本人に近代的な「個」の意識が未発達なせいだといったような発言がなされたり、七面倒くさい漢字の使用をやめてアルファベットのような簡便で国際的に通用する文字を採用しなければ、日本語は近い将来滅ぶだろうといった内容の本を出版する著名な言語学者がいたりするのです。[注3]

その理由は、未だに日本の知識人の多くが殆ど無意識の、動物行動学でいうインプリンティング(刷り込み)にも比すべき、西洋の文化文明と欧米人の物事のやり方や考え方こそが、人類の在り方としては最も普遍に近い至善至高のものだという、幕末明治維新の頃に叩き込まれた考えに支配されているからだと私は思うのです。

ですからいまこそ、西欧型の近代的国家としてもトップクラスの力があり、同時に西欧諸国とは全く違う古代的な世界観と、それに基づくさまざまな文化を、まだ失わずにかろうじて保持している言わば二重の性格を持った日本という国が、自分に与えられた使命を改めて自覚して、人類に迫りくる危機を回避するための最後の切り札として登場する意味があります。[注4]

別の言い方をすれば、人間と自然が支配被支配の上下対立関係どころか、両者は緊密にしかも対等につながり互いに循環しているという、アニミズム的な汎神論的世界観を取り戻すという目的に向かって、まだその証《あかし》がそこかしこに明らかに残っている、西欧の言語や文化とは明らかに異質な要素の多い日本語と日本文化を、いまこそ世界に広める時がきたのだというのが私の主張の具体的な内容なのです。

これまで書かれた様々な文明論は私の見る限り、その扱うところは人間社会の変貌、民族や国家の栄枯盛衰といった主題が中心ですが、私のこの本では、人間を全生態系の一つの構成員として見ながら、本能の代わりに文化と言語を使って繁栄してきたことから生まれる悲劇と矛盾に満ちた姿の一面を考察してみたという意味で、副題を「言語生態学的文明論」としました。[注5]

注

1　S・ハンチントン『文明の衝突と21世紀の日本』二〇〇〇年、集英社新書

2　増田義郎『純粋文化の条件』一九六七年、講談社現代新書

3 田中克彦『漢字が日本語をほろぼす』二〇一一年、角川SSC新書

4 そうは言っても北欧のフィンランドや東欧のポーランドなどの、恵まれない自然条件のために、効率の追求一本槍の、現代的な大規模開発の波から取り残された地域には、うわべのキリスト教文化の直ぐ下に、自然を人間が征服すべき対象とは見ない、土着固有の異教的な、人間と自然の融和的共存の文化が、各種の儀礼や風俗にまだ結構沢山残っています。

5 鈴木孝夫『日本人はなぜ日本を愛せないのか』二〇〇六年、新潮選書、鈴木孝夫『日本語教のすすめ』二〇〇九年、新潮新書なども関心のある読者はお読みいただきたいと思います。

第一章　全生態系の崩壊を早める成長拡大路線はもはや不可能

記録的な山火事、未曾有の洪水、そして真夏の大雪

現在人間のあまりにも度のすぎた経済活動に起因する、地球の無機有機の環境悪化は、とっくに危険区域に突入しています。今騒がれている地球温暖化や砂漠の拡大といった環境問題のすべてが、たとえ人為的要因によるものではないにしても、近年日本を始めとして世界各地で頻発する、これまで前例のない気象の極端な異常現象のなかには、自然が人間に対して送り始めた破局のシグナルが、かなり含まれていることは間違いないと受け取るべきでしょう。

二〇一三年の七月末に山口県や島根県の山岳地帯を襲った、それこそ記録的な一時間の雨量が一〇〇ミリを超す豪雨なども、気象庁が「直ちに命を守る行動に出てください」などという、およそ官庁にふさわしくない誰にでも分かる言葉で、緊急避難の特別警戒を呼びかけていたのに、人間の力ではどうにもならない大災害を引き起こしてしまいました。

また北米カリフォルニアの大規模な山火事も、前代未聞の激しさで東京二十三区を優に超す広さの山林を焼き尽くし、国立公園のあるヨセミテ渓谷にまで迫りましたし、コロラド州では

豪雨によって引き起こされた大洪水で大きな被害がでています。そして中部ヨーロッパでは夏だというのに大雪が降り、その反面東京は熱帯地方より温度の高い酷暑の日々が、一ヶ月も続くという有様でした。メキシコの有名なリゾート地アカプルコも大洪水に見舞われ、四万人もの観光客が一週間も足止めされるという有様ですから、素人の目にも地球がおかしくなっていることは明らかです。

ところで人類が約一万年前に農業を始めて以来の地球の気候は、比較的気候の変動の少ない安定した時代だったのです。ですから人類の繁栄とは、この地球の歴史から見ればほんの一瞬の安定期をうまく利用したものでした。その安定が今や崩れ始め、地球が再び変動の激しい時期に入った可能性も示唆されています。もしそうならなおさらのこと、我々はその変動による悪影響を、さらに**人為的に助長し加速させる**ような活動は、出来るだけ抑制しなくてはならないわけです。

ところが世界的な経済発展に伴い、人々の生活の向上に対応するための食料や資源のますますの増産活動が、これまでかろうじて手付かずの状態で残されていた熱帯雨林や広大な湿原の、更なる消滅にいっそう拍車をかけています。このような開発の急激な進展は、当然のことながら大気の組成を更に変化させ、温暖化を促進するのです。

そして、こういった開発の急速な拡大のもたらす当然の結果として、年を追うごとに多種多様な野生の動植物が激減し、絶滅するものが世界中で後をたたないという、自然環境の悪化崩壊の連鎖反応が拡大の一途をたどっています。

このような、あまりにも急激な経済発展のもたらす地球規模の環境悪化や資源枯渇などについて、以上のべたような危機感を理論的に公にし、人類に迫り来る危機に対しての警鐘を初めて鳴らしたのはローマクラブだと思います。四十年ほど前の一九七二年にこの権威ある研究機関は、マサチューセッツ工科大学のデニス・メドウズを主査とする国際チームに委託した、システム・ダイナミックスにもとづく『成長の限界』と題する報告書を発表して、当時過熱する一方だった世界規模の経済発展が必然的に招来する様々な問題の予測を、科学的な調査研究の結果として発表しました。

しかしこの先見の明に満ちた心ある人々の提言は、ひと時各国のジャーナリズムを賑わせはしましたが、やがて更なる目先の富と発展を求める狂乱の渦の中に、いつの間にか埋没してあまり顧みられなくなってしまいました。その理由の一つはこの報告書の前提であった「世界の石油資源はあと二、三十年で枯渇する」という予測が、一九八〇年代になると豊富な埋蔵量を持つ油田が次々と発見されたため、緊急性が薄らいだせいでもあります。

この報告書でなによりも急速な対策が必要とされた問題は世界人口の急増でした。西暦紀元零年ごろの世界の総人口は推定で僅か二億程度でしたが、それが一八世紀に始まった産業革命を機に急激に増加し始め、ここ四十年の間には三十億から六十億へと倍増し、それが現在では七十億となり、今世紀末までには百億となることが、ほぼ確実視されているのです。

ところで私の文明論の主な立脚点は、このような私の専門外の資源や経済の問題というよりは、地球の自然圏の安定性を支えている、人類の文化の多様性をも含む生物多様性が、あまりにも度を越した経済活動によって急激に失われ始めていること、そしてそれに直接関連する事実として後で詳しく述べるように、今世界で用いられている人間言語の多様性も激減する方向にあるという問題です。

私のように半世紀以上にもわたって、言語学を専門としながら、同時に野生の動植物の観察や保護活動に色々とかかわってきた者の目から見ると、この自然界での人間をも含めた生物多様性の減少が局外者の気づかない所で、それも驚くべき速さで世界各地に拡大している現状は、まさに危機的状況としか言いようがないのです。[注1]

人類の恐るべき大増殖

人間という大型の哺乳類、しかも食物連鎖の頂点に位置する動物だけが、現在のように爆発的に増えているということは、何もかもが有限である一つの閉鎖系としてのこの地球上では、ゼロサムゲームの理屈で、人間以外の他の動物は食べ物も棲家も失い、次つぎと消えてゆくことを意味するのは、誰が考えても当然でしょう。

現在この地球上には、個体数が億どころか百万を超える野生の大型動物は、人間のおかげで驚くなかれただの一種も存在しなくなったのです。人間はまさに数の上でも「万物の王者」となってしまっているのです。テレビなどでよく見る、アフリカのサヴァンナを移動するヌーの大群などもせいぜい百万程度で、それも保護された地域において、人間の半ば管理下でかろうじて生存しているにすぎません。

かつてはアジア大陸のどこにでもいたベンガル虎は、今や推定で僅か千五百から二千三百頭と言われていますし、トルコやインドにも分布していたライオンも、もはやアフリカ全体で五万頭もいないだろうとされています。そして世界各地の動物園でしか見ることの出来なくなった、絶滅を目前にした希少動物は数知れません。

ところで今人間に次いで繁栄し増殖を続けている大型動物はなんだか御存知ですか。それは人間に奉仕する家畜なのです。牛が十三・五億頭、羊が十・八億頭、豚は九・一億頭、山羊が八・三億頭で、これだけですでに四十一億頭を超えます。さらに馬、騾馬《らば》、水牛、駱駝《らくだ》、そして南アメリカ大陸のリャマ、アルパカなどを入れますと、全体の家畜数は約四十四億頭となります。[注2] そしてこれらの大型家畜はすべて競合する野生の大型動物の棲家や餌を次々と奪い、そして彼らを絶滅に追いやりながら、人間の止め処のない欲望を満たすための奴隷の繁栄を誇っているわけです。

また小型の肉食哺乳類に属する、現在世界での総数が二億を超すといわれている犬や猫といったペットとしての動物も、昔と違って今は、人間と殆ど同じ内容の餌を消費しているという点では、これも野生動物の生存を直接間接に脅かしていると言えるのです。

ところがこのような事実は、伝統的に遊牧・牧畜文化を基盤とし、人間の幸福繁栄だけしか眼中にない西欧の人々の視野には殆ど入りません。その上、憂慮すべき人類の大増殖問題も、農地面積を増やさなくても、更なる技術革新が生み出す筈の効率の良い農薬や化学肥料の開発と、遺伝子組み換えで改良された病虫害に強い多収穫型の農産物による増産で、うまく対応できるから心配ないとされてしまうのです。

人畜無害の農薬などあるはずが無い

しかし科学技術を過信して、人間というただ一種の生物の都合だけを眼中に置く自然の秩序への働きかけは、短期的には好結果が出ても、やがて科学者たちのまったく思いもしなかった被害が生まれる事例が、後を絶たないことを忘れてはいけません。

ここ十年来のことですが、北米の大規模農業の現場で、栽培植物の受粉に利用されていた何百万匹という野生の蜜蜂が、次々と姿を消し始めるという困った原因不明の現象が、各地で報告されるようになりました。この現象は今では蜂群崩壊症候群と称されていますが、これはすぐヨーロッパ大陸にも広がり、そして現在では日本でも果樹園での蜜蜂の減少が各地で問題になり始めています。

なぜこのように、野生の蜜蜂が姿を消し始めたのかの原因探しは困難を極めましたが、最近ようやく今世界で広く使われている、ネオニコチノイド系の農薬で「人畜無害」とされていた便利で効果の高い農薬が、蜜蜂の大量消滅の遠因らしいことが分かったのです。この薬は日本では稲の害虫である稲カメムシ対策に非常に効果があるので、すでに広く使われています。

このことに関してEUは二〇一三年の十二月から、製薬会社の反対を押し切るかたちで、EU内での使用を禁止することに決めました。一般の犯罪などと違って、有害だとの結論が出てからでは遅いこのような問題に対しては、疑わしきものは、予防的な見地から禁止するというEU独自の判断に基づくもので、二年後に結果を見て正式に決定するそうです。

ところでこの話を聞かれた年配の読者の中には、第二次世界大戦直後にDDTという、それこそ人畜無害で強力な、万能の殺虫剤とうたわれた薬品がアメリカで開発され、日本でも一時期大変にもてはやされたものの、やがてとんでもない事件を次々と起こして、市場から姿を消したことを思い出される方がいると思います。

この事件はレイチェル・カーソンという女性の科学者が、北米のいたるところの住宅地の芝生に毎年春になると必ず姿を見せ、生垣に巣を作って美しい声で歌うロビン（アメリカ駒鳥）が、突然姿を見せなくなったことに気づいたのが始まりでした。そこでいろいろと調査してみると、環境に広がったDDTが巡りめぐって様々な生物の体の中で濃縮を重ねた結果、最終的に土中のミミズの体内に高濃度で蓄積され、このミミズを常食とするロビンが大量に死んだということが分かったのです。

この間の事情を詳しく書いたカーソン女史の著書 *Silent Spring*（邦訳名『沈黙の春』青樹簗一訳、新潮社）は世界的なベスト・セラーとなり、ついに一時期は世紀の発明とまで言われたDDTは市場から追放されたのです。

このDDTによる薬害問題は、アメリカを象徴する白頭鷲（bald eagle）という、国鳥に指定され、切手にも描かれている大型の鷲が絶滅に瀕した理由として、ＤＤＴに汚染された海の魚を常食としていたために、卵の殻が柔らかくなって雛が育たなくなってしまったためだということも分かったりして、本当に大変な騒ぎでした。

そもそも害虫という名称は、人間の利益を損なう虫だという、人間本位の立場から付けられた名前に過ぎないのであって、他の虫とは隔絶した、なにか特別の性質や独特の仕組みを持っている生き物ではありません。ですからある種の害虫だけに、絶対的に効果を発揮するが、他の関係の無い虫には全く無害であるなどという、よいことずくめ的な薬などあるはずがないことは、常識で分かるはずです。すべての生物がつながっている以上、ある害虫（や細菌など）だけに選択的に効くと称せられる薬は、実は他の虫や生物にもたとえごく僅かであっても、悪影響が無いはずがないことは素人でも理解できることです。すべては程度問題です。

ですからごく微量で、並大抵の方法では検出できないほどの薬の成分が、自然界を巡りめぐって生物濃縮され、しかもかなりの時間を経た後に、まるで遠くの山に降った雨が伏流水となって、大陸などでは思いがけないほど遠方で地上に噴き出すことがあるように、科学者たちが予測もしていなかったようなところで、しかもだいぶ時間が経ってから深刻な問題となって現れるのです。

同じ理由で農作物の遺伝子組み換えによる品種改良なども、短時日の動物実験や検証で安全とされても、突然変異や自然交配による新種の出現などの場合とは違って、人間にとってはいつ爆発するか分からない時限爆弾に匹敵する、恐ろしさを内蔵していると私は思います。

この害虫益虫といった人間の都合で決めた区別に関して思い出すのは、昭和天皇のことです。陛下は第一級の生物学者で、ご専門はヒドロ虫などの海洋生物でした。陛下はまた植物にもお詳しく、皇居の中で暇がおありのときは、いろいろな植物を観察されたり、標本に作られたりしておいでででした。聞いた話ですが、あるとき御付《おつき》の一人が雑草ということばを口にしたのを聞きとがめられ、雑草などという草は無いよ、みんなそれぞれちゃんとした名前がついているのだよと言われたので、一同恐縮したという話を伺ったことがあります。陛下は研究に必要だと思われて掘り起こされた草が、いらないものだとなった時、必ず元のところに植え戻されるとも伺ったことがあります。

自然大改造は人間の思いあがり――アラル海、タリム川、ヴィクトリア湖の教訓

アメリカと覇権を争った第二次大戦後のソビエト連邦〔現ロシア連邦〕では、当時ユーラシア大陸で最も広かった国土を大規模に改造して、不毛の地を沃野に変えて農産物を増産しようという、様々な自然大改造計画が構想されました。たとえば、樺太島〔サハリン〕を大陸と隔てている狭くて浅い間宮海峡を埋め立てて、ロシア本土と陸続きにしようとか、レナやエニセイなどの北極海に無駄に注ぐ大河の流れを、反対の南のタイガや砂漠地帯に大運河を建設して反流させ、広大な地域の開発を図ろうとする案など、さまざまな計画が立案されたのです。

その中でパミール高原に源を発して、遠く中央アジアのアラル海に注ぐアム・ダリアとシ

ル・ダリアという二つの大河の水を、大運河網を作って、ウズベキスタンとカザフスタン（当時はどちらもソ連領）の砂漠地帯に流し、そこを一大綿花生産地帯に改造するという計画が、一九六〇年に実行に移されました。

この自然改造事業は当初は大成功でした。予想通り綿花の生産は順調に増え続け、一時はそれまで世界一だったインドの綿花生産を追い越すほどの勢いで、この事業は共産主義に基づく計画経済の一大成果として、全世界に喧伝されたのです。

ところがです。この二つの大河のみを水の供給源としていた、面積が日本最大の琵琶湖の何十倍もある世界第四位の大きさを誇っていたアラル海の湖面が、流入する河水の激減によって劇的な縮小を始め、遂には湖面の八割もが、毛管現象による地下から析出した塩で一面覆われた、不毛の土地と化してしまいました。このため気候までが変わり、漁業や水運業を始めとする各種地元産業の衰退壊滅、貴重な水棲動物の固有種の絶滅、そして国際的な渡り鳥の中継地の消滅といった数々の、いまだに解決策の立たない深刻な問題を生んでしまったのです。

全く同じ性質の問題が今、共産主義国の中国でも進行中です。新疆ウイグル自治区にある中国最長の内陸河川で、昔からウイグル族によって「母なる川」と呼ばれてきたタリム川が、このところの流域地区での水使用の増加によって流水量が激減し、主流の長さが一九六〇年代の二〇三〇キロメートルから今は半分弱の一〇〇〇キロメートルにまで短くなり、今世紀中には消滅するのではないかと危惧されています。

このような経済利益の増大を望む人間の手によって、自然の秩序が回復の見込みが立たなくなるほど大規模に破壊された例の最後として、アフリカ大陸のケニア、ウガンダ、タンザニアの三国が囲む、世界第三位の広さを持つヴィクトリア湖に起きた悲劇として知られる、生態系の大崩壊をとりあげましょう。

この琵琶湖の百倍もある国際湖沼は、二〇世紀の半ばまでは「ダーウィンの箱庭」と呼ばれるほどの生物多様性の宝庫だったのです。ところが英国の植民地時代の終わりごろの一九五四年に、減少した水産資源を補う目的で、ナイル・パーチという体長二メートル、重さ二〇〇キログラムを超す肉食性のスズキに似た大型魚が、外部から持ち込まれ放流されたのです。

この魚は他に競合する地元の肉食魚がいなかったため爆発的に増え、外国にまで輸出するほどの漁獲量となって、一時は経済的にも大成功でした。

ところがこの外来種の出現によって、湖の生態系が徐々に崩れ始め、ここにしかいない四〇〇種もの草食性の固有種の半数近くが、絶滅に追い込まれたのです。すると捕食者の減少した藻が今度は大増殖を始め、そのため水に含まれる栄養が減り、この水質の変化がさらに生態系の悪化を招来したために、ナイル・パーチの漁獲それ自体も急速に減少してしまったのです。

後に残ったものは世界的に貴重だった「ダーウィンの箱庭」の消滅と、沿岸漁業の以前よりひどい衰退だけとなりました。自然はまさに「風が吹けば桶屋が儲かる」の、ちょっと見では分からない、複雑極まりない繋《つな》がりで動いているのです。

このように最近の歴史を振り返るだけでも、人間が目先の利益だけを考えて複雑に絡み合っている自然環境を大幅に改造したり、食料を増産するために生物界の巧妙で精緻を極めた秩序に手を加えたりすることが、まさにこの世界を意のままにしようとする科学技術過信の、危険極まりないことだと分かるでしょう。

だからこそ、人間はこの地球上のすべての命あるものとの共存共助の輪でつながっているのだ、人間だけにこの世で他を押しのけて生きる権利があるのではないという、日本人がまだ完全には失わずにどこかに持っている柔らかい謙虚な気持ちを、広く世界の人に知らせ広めること、それも一刻も早く行なうことが、目前に迫っている人類の危機をいくらかでも回避するために絶対に必要なのです。

日本人はあらゆる生き物に対する共感をまだ失っていない

突然ですが、ここでちょっと次の俳句を口に出して読んでみてください。

朝顔に　釣瓶《つるべ》とられて　もらひ水　　加賀千代女
やれ打つな　蠅《はえ》が手を擦《す》る　足を擦る　　小林一茶

一晩かかって何とか上に伸びようと、必死に蔓《つる》を釣瓶にからませた朝顔を見て、無下に傷つけるのは忍びないと、わざわざ隣家に水を貰いに行くこの気持ちは、現在の私たちにも共感できる自然観ではないでしょうか。また困ったうるさい存在であるハエ、誰だって見ればすぐ打ち殺そうとするハエが、でもほら命乞いをしているのだから助けてやれよという、このとっさのハエへの感情移入というか思い入れこそが、まさに生き物すべてに対する、惻隠《そくいん》の情とでも言うべき日本人の多くがまだ理解できる感情だと思います。

つい先日のことですが、「産経新聞」の投書欄に感動的な手紙が紹介されていました（二〇一四年六月三〇日）。井筒美海さんという小学生が書いたものですが、私が述べてきた日本人の生き物に対する共感的な感情があふれている話なので、紹介したいと思います。

下校途中の美海さんは、車道の真ん中で苦しそうに羽をばたつかせているアゲハチョウを見つけるのですが、そこにトラックが走ってきました。「あぶない！」と息を呑んだ時、チョウの手前でトラックは停車し、お父さんより少し若い感じのおじさんが運転席から降りてきました。そしてチョウの羽をつまんで、道路の端にそっと置き、美海さんの顔を見て笑顔で走り去ったというのです。後続の車がいたにもかかわらずチョウを助けてくれたことに、美海さんは、「私は感謝しました。チョウもきっとうれしかったと思います」と書いています。

これはまさに、次の有名な小林一茶の句に通じます。

雀の子　そこのけそこのけ　お馬が通る

生まれたばかりの怖いもの知らずの小雀が、進み来る危ない馬を、なかなかよける気配のないのを、はらはらしながら見守った一茶の気持ちは、どうでもよい小さな蝶を反射的に救ってしまう、このおじさん運転手や小学生の美海さんのような現代の日本人にも間違いなく残っているのです。

英語には虫ということばがない

ところでだいぶ前のことですが、私はアメリカのイリノイ大学で一年ばかり日本語を教えていたことがあります。その際に、日本語の上級のクラスでは日本人教師なら誰もが必ず取り上げる次の松尾芭蕉の句

閑《しづか》さや　岩にしみ入る　蟬《せみ》の声

を使って、日本人の自然観を説明しようとしたとき、米国の学生たちが全くと言っていいほど、およそ虫というものすべてに対して、無知無関心なのだということを知って大変に驚いたことがありました。

私がこの歌にある蟬は、英語のシケイダ、またはシカーダ〔cicada〕のことだといっても、そんな言葉は知らないし聞いたこともないというのです。でも日本では小さな英和辞典や和英辞典にも、cicadaが蟬だとちゃんと出ているのにと、私が黒板に下手な蟬の絵を描いたり、物まねよろしく鳴き声の真似をしたりしたところ、一人の学生がもしかしたらロウカスト

(locust) のことではないかと言い、他の者もそれなら知っていると言い出したのです。[注3]

そこで私が、呼び方はいろいろかもしれないが、とにかくこの町のいたるところで庭木や屋根の上のアンテナなどでも蟬がよく鳴いているよといっても、学生たちの誰一人として、それは見たことも聞いたことも無いと言うので驚いたわけです。

都会化の進んだ日本でも昔ほどは蟬が身近な虫ではなくなっていますが、それでもツクツクボウシ〈オーシイツクツク〉、アブラゼミ、クマゼミ、ハルゼミ、ニイニイゼミ、ミンミンゼミ、そしてヒグラシ〈カナカナ〉などの名前は、聞いたことのある人がまだ多いと思います。ちょっと横道にそれますが、蟬がちゃんと身の周りに沢山いるのに、見たことも聞いたこともないというこのような米国の学生たちの反応は、まさに文化人類学者が指摘するところの、〈人間は自分たちにあまり必要のないもの、重要だと思っていないものは、たとえ身近にあってもその存在に**気づかず**、それを**表す言葉もない**のが普通だ〉という、人間の認識の仕組みが持つ文化的選択性（偏り）の、面白い一つの例とすることが出来るのです。

そして私がもっと驚いたことは、蟬は良いとして日本人の暮らしの中での、蟬を含む虫一般の占める大きさ、重要性の話をし始めたとき、私は虫にうまく当たることばが英語にはないのだということに、あらためて気がついたのです。もちろん英語には日本語で虫と訳せることばはいくつかあります。たとえば insect, bug, tick, worm などですが、どれも日本語の虫のように意味が広くはなく、使える範囲も限られていることばで、しかもこれらは日本語の場合のように、やたらと日常の言語生活には出てきません。しかしそのつもりで改めて考えて見ると、確かに私たち日本人の日常生活では、虫ということばが次々と実によく出てきます[注4]。

私たち日本人が今でもよく耳にする虫と呼ばれるものには、いわゆる蟬、蜻蛉《とんぼ》、蝶々や蛾、そして蟻や蜂といった昆虫だけではなく、ノミ、シラミ（これらも本当は昆虫）を始めとして、クモやダニはもちろん、ミミズ、ムカデのようなものから、ヒルやサナダムシから回虫まで虫と呼ばれているのです。

そして何々虫という形で今でもよく聞く普通のことばには、ちょっと数えただけでもケムシ、イモムシ、アオムシ、ウジムシ、アブラムシ、カブトムシ、クワガタムシ、マツムシ、スズムシ、タマムシ、コガネムシ、テントウムシ、ミノムシ、シャクトリムシ、ゾウリムシ、フナムシなど沢山あります。そして、

蜻蛉つり　今日はどこまで　行ったやら　　千代女

蚤虱《のみしらみ》　馬のばりする　枕元　　芭蕉

などに見られるように、人々の暮らしに密着した虫を取り入れた俳句は古くから数多くあるだけでなく、現在でも庶民の作る俳句にはしばしば見られます。

千年以上前から虫を愛してきた日本人

ところで日本の文学は、今から千年以上も前に、源氏物語という現代でも立派に鑑賞に耐える長編の心理小説が、しかも女性の手で書かれたという世界に誇るべき特質を持っているのですが、文学作品の扱うテーマの幅広さ、多様性などの点でも世界に冠たるものがあります。男女の関係、忠孝や義理人情といった人間を主題にするものはもちろんのこと、霊魂にまつわる話、幽霊や亡霊を扱った怪奇ものや、動物が主人公である説話など、それこそありとあらゆるものが扱われています。でも私はこれこそ日本人が自然と如何に深く関係しているかを知らなければ、理解できない作品だと思うものがあるのです。それは『虫愛《め》づる姫君』の物語です。

この話は平安時代後期に成立したと考えられる『堤中納言物語』という短編物語集の中に収められているものですが、読者の中にはこの物語の存在を、アニメ作家の宮崎駿が作った『風の谷のナウシカ』のヒロインが、虫の大好きなこの姫君の話から着想を得たということで、知っておられる方があるかもしれません。

按察使《あぜち》大納言のお姫様は美しく気高い方だったのに、成人されても眉を剃らず化粧もされず、お歯黒も付けられずに、ただただ人の嫌がる毛虫を可愛がる風変りな姫君でした。毛虫、それも烏《からす》毛虫がお好きで籠に入れて世話をされ、毛虫が姿を変えて蛹《さなぎ》になり成虫となるさまを楽しまれたというのです。

世界には昔から様々な恐ろしい生き物をペットとして愛玩する風俗のあることは知られていますが、選りに選ってこのように毛虫をペットとする文化のあることは、少なくとも私は知りません。もしかしたら日本には昔から山繭蛾《やままゆが》（天蚕）の幼虫を育てて糸をとる文化があり、養蚕の技術も有史以前の時代に大陸から導入されていましたから、このような蛾の幼虫は、この時代の人々にとっても、かなり身近で馴染みのあるものであったとは考えられます。しかしどう見てもこの姫様の行動は普通ではなかったようです。

私がこの物語に特別の興味を持つのは、それが事実に基づいたものか、それとも単なる創作であるのかは別として、このような物語に読者（聞き手）がいて、当時としてはかなり高価だったに違いない写本までが残っている以上、当時の人々の間にこの話に何らかの面白さ、可笑しさを感じる文化的地盤の存在があったことは間違いないと思うからです。

この話題に関連して思い出すことは、昭和天皇の第一皇女であられた照宮様《てるのみや》（のちに東久邇宮《ひがしくにのみや》妃殿下）が熱心な蛾の愛好家であり、また蒐集家でもあられたということです。美しい蝶の蒐集に熱心な人は世界のどこにでもいますが、どちらかと言えば地味で夜行性の蛾は、少なくとも日本では蒐集の対象としては、あまり人気はありません。もしかしたら照宮様も虫愛づる姫の文化的な血を引いておられたのかなとふっと思いました。[注5]

さて話を現代の日本人と虫の固いつながりに戻すとします。日本がまだ貧しかった戦前では、夏、男の子に最も人気のあった遊びは、小川でのメダカやドジョウ、そして小鮒《こぶな》やハヤ取りのほかに、先に挙げた千代女の俳句にあるような、近所の河原や空き地の上を飛びかう大きな蜻蛉を、粘々《ねばねば》した糯《もち》を塗った細くてよくしなう竹竿でとったり、あちこちの樹木の多い神社や寺の境内を巡って、いろいろな蟬を、先に布袋を付けた竹竿でとる蟬取りでした。またカブトムシやクワガタに相撲を取らせて勝ち負けを争うなどは、いまでも子供だけでなく大人まで夢中になったりもします。

このような伝統的な夏の子供の虫遊びが、ちょっと前までは普通だった小中学校での、夏休みの宿題とか自由研究を賑《にぎ》わせた昆虫採集につながったものと思われます。

また秋、稲が実る頃になると、田舎の子供たちは、田圃《たんぼ》で稲穂をかじるイナゴを取りに駆り出されたものです。これは沢山取ると大人から褒められるのと、取ったイナゴを干して佃煮《つくだに》にすると大変おいしいので、子供たちも喜んでやったものです。注6

また明治以後に子供のために作られた童謡の中には、日本人の生活のなかに虫が深く入り込んでいることを物語るたくさんの曲があります。赤とんぼの歌〔夕焼け小焼けの赤とんぼ〕、蝶々の歌〔蝶々蝶々菜の葉に止まれ〕、マツムシの歌〔あれ松虫が鳴いている〕、蜻蛉の歌〔蜻蛉の眼鏡は水色眼鏡〕、蜂の歌〔ぶんぶんぶん　蜂が飛ぶ〕、蟻の歌〔蟻さんと蟻さんがコッツンコ〕、蛍の歌〔ホ、ホ、蛍来い〕、デンデンムシの歌〔でんでんむしむしカタツムリ〕、黄金虫の歌〔黄金虫は金持ちだ〕そしてミミズの歌〔ミミズだってオケラだってアメンボだって〕など、ちょっと数えてもこんなにもあります。

そのほかにも日本には虫干し、虫下し、虫食い（だらけ）、虫籠といった、人々の生活が様々な形で虫と密接な関係にあったことを示す言葉、そして農村では虫送り、虫供養といった宗教的な意味もある年中行事まであるのです。

そしてはっきりと具体的な生物として特定できる虫ではありませんが、《虫が好かない、虫の知らせ、虫の居所が悪い、虫も殺さない、（大事な娘に）虫がつく、虫ずが走る》などの慣用句にも虫は出てきます。また虫の複合語としては、腹の虫（が収まらない）、苦虫《にが》（を噛み潰したような）浮気の虫、疳《かん》の虫、勉強の虫、本の虫、泣き虫、弱虫、そして回虫とそれを殺す薬の虫下しなど次々と出てきます。

このように見てくると、改めて私たち日本人の日常生活が、いかに虫という小さな生き物と様々な関わりを持っているかがよく分かります。そして今あげたような虫を含む日本語の表現を、いざ外国語に訳そうとすると、少なくとも私の知っている限りの言語では、全く生き物とは関係のない言葉でしか意味を伝えることができないのです。

ユニークな「日本語の虫の定義」

それでは虫〔ムシ〕とは一体どんな生物を指すのかと改めて考えてみると、なんと今度は、これこれの性質や特徴を持つ生き物が虫だと簡単には言えないことに気づかされるのです。ミミズと蝶と蜘蛛《くも》とかたつむりに共通する特徴とは何でしょう。

更にまたさきに挙げた生物としての虫と、〔虫ずが走る〕などの言い方に出てくる虫とは同じことばなのか、それとも同音異義の別々のことばなのだろうかなどと改めて考え始めると、自分でもよく分からなくなってくるのです。一体日本語の虫とはどのようなものを言うことばなのでしょうか。そこでたとえば小学館の『大辞泉』という辞書を見ると「虫」は次のように説明（定義？）されています。

むし①〔虫〕人類、獣類、鳥類、魚貝類以外の小動物の総称。特に、昆虫をいう。

この説明で爬虫《はちゅう》類を除外していないのは、おそらくマムシなどの例があることを考慮したためと思いますが、ただしオタマジャクシを含むカエルやイモリ、そしてサンショウウオのような両生類の何かが、はたして虫と呼ばれることがあるのかは、私には実例が思い浮かびません。またデンデンムシ（カタツムリ）やナメクジは陸産の貝ですから、貝が除かれているのは正確ではありません。しかしとにかく生物学事典でもない国語の辞典としては、この定義はかなりよく考えられたものと言えましょう。

しかしある《もの》を表す言葉を定義するとき、このように《これこれだ》と言わないで、《これこれを除くすべての小動物》のように、間接的というか、まず除外例を列記した上で、それ以外の小動物の総称とするような説明をせざるを得ないような言葉は、私の知る限りの外国語では思い当たりません。

一九六九年に、イスラエルの駐日大使として赴任された父君と共に来日され、その後版画家で東京芸大名誉教授の野田哲也氏と結婚された野田ドリットさんは、秋の虫の声や虫を飼う日本の風俗に関して次のように言っています。[注7]

三十七年という日本の生活体験を踏まえて言えることは、やはり「侘《わ》び」「寂《さ》び」の日本人の感性の素晴らしさです。静かに澄んだ、落ち着いた味わいを好む民族ではないでしょうか。例えば、「茶道」や「能」、「俳諧」などに見られる趣。「虫の音に対する日本人の感性」について見ても、鈴虫を飼い、虫の音を聴き、そこに心が洗われて秋の憂愁に心を静かに休めるといった行為は、イスラエルでは少ないと思います。ところが日本では、ごく普通の人でもその感性を持っているのです。

この虫を飼って、その声を聴くという風俗に関しては、鎌倉の鶴岡八幡宮秋の例大祭（九月十四日―十六日）が思い出されます。この祭りは八百年の伝統をもつ流鏑馬《やぶさめ》が有名ですが、これに加えて鈴虫放生祭《ほうじょうさい》という、籠に入れて神前に供えた鈴虫を、元の神域の自然に戻す行事も平成十六年から始められました。神様に美しい鳴き声を聴いていただいた鈴虫を、境内の柳原神池のほとりで自然に放ち、生命の尊さや季節に対する感性を大切に守り続けようという願いを込めた行事です。[注8]

以上かなり詳しく虫のことを書いたのも、古代から近世へと受け継がれてきた日本人のもつ身の回りの小さな自然に対する関心、日常生活のあちこちに顔を出す小さな動植物に対する興味が現代も息づいていることを再認識してほしいからなのです。

私たちが今生きている現代の日本では、すべてが無機的に機械化自動化された都会生活の喧騒とスピードに流され、鉄とガラス、そしてアスファルトとコンクリートの人工空間の中では、すっかり消えてしまったように思えるかもしれませんが、以上のように外国と比較したり、神事として行われていることなどを改めて見直してみると、今はとっくに涸れたと思われていた伝統文化の伏流が、まだかなり色々な所で顔を出していることに気づくのです。

西洋人にとっての自然、日本人にとっての自然

ところでこの本の原稿がほとんど書きあがったとき、毎月送られてくる『原子力文化』の十一月号（日本原子力文化振興財団発行、二〇一三年）が届いたので開いてみると、かつて東京大学の総長を務められ現在もさまざまな要職に就かれている、原子核物理学を専門とされる有馬朗人《あきと》氏の「**東洋と西洋の文化の比較**—理論物理学者の管見」と題する文章が目に留まりました。面白そうだと思って読み始めると、これは面白いどころか素晴しいの一語に尽きるような、日本文化が物事全ての出発点において、いかに西洋の文化と違うかという具体的な指摘の連続なのです。その**詩歌と自然について**のところで有馬氏は次のように述べられています。

私は子供の頃から詩歌に関心があったし、絵画が好きであった。（中略）西欧詩のアンソロジーなどを読んで、詩のテーマがほとんど人間中心であることにあらためて気付いた。日本の和歌や俳句そして漢詩のように、自然を詠うことがほとんどないのである。ワーズワース（一七七〇〜一八五〇）の詩のように虹を歌っても、ほとんど自分の心について述べている。

虹　　ウィリアム・ワーズワース

私の心は躍る、大空に
　虹がかかるのを見たときに。
幼い頃もそうだった、
大人になった今もそうなのだ、
年老いたときでもそうありたい、
　でなければ、生きている意味はない！
子供は大人の父親なのだ。
願わくば、私のこれからの一日一日が、
自然への畏敬の念によって貫かれんことを！

そしてさらに漢詩については、杜甫（七一二～七七〇）の作になる望郷の思いを歌った絶句を例として、この詩の最も言いたいところは何時になったら故郷に帰れるのかであるが、同時に自然が雄大に美しく描かれていると言い、次いでほぼ同じ時期に活躍した日本の柿本人麻呂（生年不詳～七〇八年頃没）はというと、

東《ひんがし》の野《ぬ》にかぎろひの立つ見えて　かへり見すれば月かたぶきぬ

と**自然のみ**をおおらかに詠ったと述べて、これらと比べると西洋では人間が主題で、自然を主題とする詩は見当たらない。少なくとも日本語に翻訳されているような名詩では見つからなかったというのです。

このように物理学者の有馬氏が、まさに私が主張してきた〈西欧文明はその根幹が人間中心主義〉であるために、伝統的な文芸活動においても人間だけに目が向いていて、自然は背景に退いている点を、実に見事に指摘されています。

更にまた有馬氏は、印象派などの日本の影響を受けた近代の絵は別として、西欧の**伝統的な絵画**においては人物を描くことが中心課題で、自然そのものが対象とされることはないとして、氏の好まれる中世以前のイタリア絵画では、

ギリシア神話やキリストなどの宗教的場面か、あるいは王侯貴族などの肖像が描かれて

いて、自然は主題に取り上げられていないことに気付いた。自然は描かれていたとしても背景としての添え物である。中国や日本では古代から山水画のように自然そのものを描いたが、そのようなことは、西欧ではなかったらしいことを知ったのである。

と述べられています。この有馬氏の東西比較文化論では、このほかにもいろいろな興味深い指摘がなされていますが、有馬氏には後に扱う俳句のところでも登場していただきたいので、ここでは以上に留めます。

ところでこれも最近のことですが、私の家を訪ねてきた人がうっかり忘れていかれた『財界』という、私がこれまで見たことのない雑誌をふと開いてみると、前文化庁長官の近藤誠一氏が「**自然から学ぶ感性は日本の強み。それを循環型社会、経済運営に生かすとき**」という談話を編集部相手にされたものが目に留まりました。この題字の横に少し小さな活字で話の要点がつぎのようにまとめてあります[注9]。

「富士山の世界文化遺産への登録で、日本人は自信を取り戻すべき」と話す。富士山が、自然遺産ではなく、文化遺産に登録されたことは、日本人の持つ美意識、感性が世界に認められたのと同じことだと近藤氏は指摘する。その感性は、今、世界が抱える諸課題を解決するために、貢献できる日本の強みだと訴える。

近藤氏の言われるには富士山は山ですから、普通なら自然が美しいとか、地質学的に珍しくて価値があるなどの理由で自然遺産として登録されるのに、なんと世界文化遺産として登録を認められました。それはこの山が日本の歴史の中で古くから宗教的な信仰の対象であると同時に、万葉の時代からさまざまな詩歌に歌われ、葛飾北斎や歌川広重に代表されるあまたの芸術家が傑作を残すなど、広く国民に敬愛されているという事実だけでなく、同時にこのような日本人の持つ豊かな季節感や、生活と結びついた自然観、そして細やかな美意識と感性が国際的に高く評価されたためなのです。

そして初めは分離除外された三保の松原が、富士山と物理的には離れていても文化的には一体で、日本人の心の中では両者は目に見えない糸で繋がっているのだという主張も世界に認められたということの意義は大きいと言われるのです。

確かに富士山ほど日本人の心の中に広く深く根を張っている山は、名山に事欠かない日本でもほかにありません。少しでも富士山に形が似ている山は、どこでも《何なに富士》と呼ばれていますし、東京の内外でも富士山が見えるという富士見坂は五十近くあるそうです。また富士見町、富士見ヶ丘など、富士のつく地名も至る所にあります。

このような日本人が伝統的に持っている、人と自然の融合一体感の思想、自然から学ぶ感性こそが、これからの世界での日本人の強みだという考えを、こんなにも明確に主張される方が政府の要人にもおられたことを知って、私は本当に心強く思いました。

明治以後の日本の近代化西洋化の大波の中で、日本人自身が「横においてきたけれど」、これからは日本の持つ強みとして世界に発信してゆくべきだ、という近藤氏のお考えは私もまったく賛成するところです。

しかしこれだけではありません。更に驚くべき考えを述べられています。それは日本人の持っている〈**白黒をはっきりさせないで曖昧なままに飲み込む能力**〉を再評価すべきだというのです。

> アメリカなどでは好きか嫌いか、善か悪かという発想が強い。（中略）ハリウッド映画を見ていても善悪がはっきりしていますが、日本の文楽や能を見ていると違います。みんなが義理と人情の狭間で、正解がない問題に苦労しています。現実には白黒、善悪で割り切れないことがあるという感覚が日本の文化、芸術に表れていると思います。

と述べられて、このような生き方は**国際関係では不利なのかもしれませんが**、人生に対処していく上では意味があるとされて、源義経を扱った『屋島』という能の作品や、芥川龍之介の有名な『蜘蛛の糸』を例に引かれて、善人といえども百パーセント善ではなく、また百パーセントの極悪人もいないというのが日本的な考え方だと言われるのです。

ところで現在の世界はどこもかしこもが領土の争い、宗教の違い、そしてイデオロギーの対立で溢れかえっています。アメリカを代表とする西欧文明を標準として物事すべての正邪を決めて整理しようとする流れは、これまで人類の突き進んできた物質的繁栄を短期的には高めることに役立ったでしょうが、反面これまで地球社会の安定を支えてきた様々な面での多様性の一層の減少をもたらすことは間違いないのです。ですからどう見ても好ましいことではありません。

私はまさにこの意味で、これまでの常識から言えば近藤氏も危惧されているような、「国際関係では不利なのかもしれない」日本人の、論理ではなく感性を重視し、できる限り他者に**善悪の二者選択を迫ることを避ける伝統的な生き方**を、フロンティアなき過密状態となった地球上での、これからの人類の生き方のモデルとして世界に提示すべきだと考えているのです。

見えないもの（空白）に意味を認める感性

日本人が取り戻すべき世界に誇れる資質として、近藤氏が挙げられている第三の点は空白に意義を認める感性です。

欧米は科学で説明できる、あるいは目に見えて、手で触れるものしかなかなか評価しない。例えば、墨絵の余白には何も描かれていませんから、欧米人から見れば書き残しに見えるかもしれません。しかし、日本人にとっては余白にこそ深い意味があるのです。その感性は、他人の考え方、他国の文化という目に見えないものを尊重する多様性の理解にもつながると思います。

欧米にも、もちろんそういう考え方はあります。例えば、サン＝テグジュペリの『星の王子さま』の中に出てくる賢いキツネは王子様に「大事なものは目に見えないんだよ」という言葉をかけます。目に見えるものだけに目を奪われてはいけないのだということです。

富士山もそうです。今回、三保の松原が逆転で文化遺産に登録されましたが、当初、諮問機関のイコモス（国際記念物遺跡会議）は位置が離れていて、富士山の一部とは言えないから除外せよと言っていました。

〈中略〉

我々が説明したのは、物理的に離れていると言っても、日本人の心の中では、三保の松原は富士山と一体で、両者には目に見えないつながりがあるのだということです。それをわかってもらえました。

このことで、欧米人の考え方が大転換するとは思いませんが、目に見えなくても、科学で証明できなくても重要なものが確かにあるということは、改めてわかってくれたのかなと思います。**こうした感覚がわかっていけば、今の文明の行き詰まりを打開するために、日本が貢献できる可能性もあるのではないかと思います。**（太字鈴木）

私が近藤氏の指摘されるような、日本の文化が余白や行間という、何もない空間に意味を与えることに初めてはっきりと気付いたのは、今から半世紀以上前に大学卒業後ただちにアメリカに留学した時のことでした。

招かれた邸宅や家庭のどこでも、客間や居間の壁が沢山の絵画や肖像画、そして家族の写真などでそれこそ埋め尽くされているのです。壁掛用の織物《タペストリ》が掛かっていることもあります。暖炉や壁際におかれた机の上には、様々なガラスや陶器の品々が置いてあり、主人の書斎に入ると、今度は金文字で飾られた革表紙の分厚い本のぎっしりと並んだ本棚が壁面を飾っているといった具合でした。アメリカでは家の壁とは空白部分を残さず、何かの飾りですっかり埋め尽くすべきものという、執念にも似た感覚を感じたものです。

これにくらべて当時の日本のいわゆる裕福なお屋敷では、客間に入ると装飾品らしきものは床の間に一幅の掛物がかけられていて、その前に季節の花がひっそりと、それにふさわしい花瓶に活けられているだけといった、どこを見ても空白だらけの、何やらもの足りない感じさえする部屋が普通でした。

あとは襖《ふすま》に描かれている絵と、欄間か長押《なげし》におかれた由緒ある方の揮毫《きごう》された、横長の額があるぐらいが普通でした。ところがこのようなお宅には大抵大きな蔵があって、そこには貴重で高価な書画骨董をはじめとする様々な品物が沢山しまわれているのです。そのなかから季節や来客の好みなどを考えて、一つだけを取り出して飾り、あとは見る人の想像と教養に任せるという仕組みだと知りました。ですから何も知らない外国の人が、日本の伝統的な部屋を見たら、なんて貧弱なと内心びっくりすることでしょう。

またこのことは、欧米のカトリックやギリシャ正教の寺院、そしてイスラーム教のモスクに入ると壁から天井までが、一面の装飾で覆われているのに対し、日本の神社は白木造りのまま、装飾どころか塗装すらもほとんどないことにも通じると思います。

その昔、伊勢神宮を訪れた西行が社殿の前に立った時の感激を

何事のおはしますかは知らねどもかたじけなさに涙こぼるる

と詠ったこの気持ちは、今の日本人の多くにもなんとなく理解できる感覚でしょう。

目に見えない神と「一人角力《ひとりずもう》」を取る

これまで日本文化には目に見えないものを大切にするという面が、色々なところにあるという話をしました。愛媛県の今治市大三島にある大山祇《おおやまづみ》神社の御田植祭では、まさに目に見えない神様と人間が相撲を取って、その年の稲の豊作を神様に約束してもらうという、何とも面白い行事が毎年行われているのです。

私がこの行事を知ったのは、最近偶然NHKのテレビで、この御祭りの実況放送を見たからです。一人の素人相撲取りらしき男が、神殿の前でいかにも相手と相撲を取っているようなしぐさで動き回り、最後に相手の（見えぬ神）に投げられて負けるという一種のパントマイム劇を何とも上手に演じていました。

後で調べてみると、この行事は一八世紀初めから記録のある古いものだそうで、毎年春の御田植祭（旧暦五月五日）と、秋の抜穂祭（旧暦九月九日）とにおいて、大山祇神社の境内に設けられた土俵上で、一力山という四股名《しこな》の力士がとる一人角力《ずもう》です。県の無形文化財の指定も受けている、地元が保存に力を入れている行事だということでした。

春の相撲では、秋の豊作の約束を神を勝たせることで取り付け、秋の相撲では豊作を神に感謝するというもので、どちらも神が二勝し人間が一勝するという、神に花を持たせる三本勝負となっているのです。不可視の存在である神様と人が相撲を取るという設定で、いかにもそこに神がいるかのような生々しさを感じさせるこの行事を考えた人は、大した宗教芸術的なセンスの持ち主だったと思います。

この**空間的**に何もないことに積極的な意味を認める日本人のもつ文化的傾向は、**時間的**には間をとること、間合いを持たせ、間合いを計ることを重視する文化とも呼応していると私は思います。この日本文化における間の問題は日本独特の興味あるテーマですが、目下私が最も重要だと考えている、**日本文化の非対決的な性質**には直接関係しないという理由で、これ以上論じることはやめます。

振り返ってみると、人類がこれまで様々な条件を異にする地球上のあらゆる地域に、広く分布しながらこれまで生き延びてこられたのは、人間が住み着く先々の環境に対して、急激に大きな負荷をかけない場合だけだということが分かっています。そしてもしなにかの理由で環境の許容範囲を超す人間圧を加えた場合に、人間自身もやがて生存できなくなることは、例えばモアイの巨像で有名な太平洋の孤島イースター島での過度の森林破壊が、素晴らしい巨石文化を生んだ文明を短期間で崩壊に導いたことに、その明らかな例をみることができます。

地球の広さに比べれば物の数にも入らない小さなイースター島の生態系の運命は、人間本位の活動を不用意に行なえば、その結果がどうなるかを、私たちにはっきりと教えてくれています。**今これとまったく同じことが、はるかに大きい地球でもまさに急速に進行しているのです。**

一八世紀から一九世紀にかけてのたった百年ほどの間に世界に広まった産業革命は、人間が強力に環境に働きかけ、人間だけに利益をもたらすように環境を作り変えることのできる、石炭という強力な化石燃料を手に入れたために可能となったのです。この時点でそれまで人間は他の動物と同じく環境の力に対して全体的には受身の存在であったものが、この石炭という、環境に逆らい新しい人間本位の環境を作り出す駆動力を手にしたために、**積極的な環境破壊者**に変貌したのです。

もちろん一万年前に人間が始めた農業ですらも、その本質は人力によって積極的に環境を変えることではありましたが、その拡大の速度と質は、自然界がそれと何とか折り合いをつけ対応できる、ゆっくりしたものでした。しかし石炭の力による人間のあまりにも桁違いな速度の破壊の前には、自然は後退に次ぐ後退を迫られたのです。その石炭が前世紀の半ばからは、今度は更に強力で便利な石油や天然ガスに移行したために自然は逃げまどうばかりで、世界はまさに人間の独擅場《どくせんじょう》と化してしまいました。そして遂には未だその最終的処分法のめどさえ立っていない原子力利用の見切り発車へと、人類は突き進んでしまったのが現状なのです。

その結果として地球規模の人間の大量移動（旅行、仕事、留学、移民、出稼ぎ、戦争、派兵駐屯など）が見る見るうちに加速し、それまで互いの存在すら知らなかった人類集団の相互交流が進み、それにつれて多様な地域文化のあらゆる面での平準化、つまり国際化が進行し出したのです。

そこで当然の成り行きとして、それまで互いに遠く離れていたために、それぞれの**土地に合った別々の暮らし方や異なった考え方**をしていた人々が、たがいに影響しあって異文化相互間の相違が減り始め、その結果として言語や文化の国際化、さらには地球化という名の人類の暮らしや考え方の平準化が急速に進行し始めています。これが全体としてうなぎ上りの人口増を引き起こし、同時に人類が消費するエネルギー量の桁違いの増加につながったわけです。

人類がこのように爆発的に増加していることは、地球の全生態系の安定的持続の見地からは危険この上もないことです。最近五木寛之『下山の思想』とか松久寛『縮小社会への道』、更には萱野稔人《としひと》「縮小社会の文明論」といった一昔前には考えられなかったテーマを扱う著書や講演記録が出始めたのは、更なる経済発展のみを未だに国家の最優先課題とする日本政府や経団連にとっては、まことに苦々しい現実を知らない作家や学者の理想論と映るかもしれませんが、私はどちらが現実的であったかの勝負はやがてどころか、十年も経たないうちに明らかになると確信しています。

注

1 私は、日本鳥類保護連盟や日本野鳥の会、山階《やましな》野生鳥獣保護研究振興財団などの要職を長年務めてきました。また環境庁の自然環境保全審議会の委員でもありました。

2 国際連合食糧農業機関（ＦＡＯ）、二〇〇七年のデータによる数値。

3 アメリカ大陸には十七年ゼミ、十三年ゼミと呼ばれる珍しい蟬の仲間がいて、それぞれ十七年（十三年）おきにだけ各地で大量発生します。さすがにこの現象はどこでも人目を引くため、テレビでもよく取り上げられています。

4 このような事実は、私たち人間のもつ世界認識が《**かなりの程度まで、用いている言語**〈**自然言語**〉**のタイプ、文法構造、そして語彙体系などによって規定されている**》、つまり使う言語が違えば人間は必ずしも世界を同じようには見ていないという、いわゆる**言語相対論**（サピア＝ウォーフの仮説など）と呼ばれる考え方の一つの根拠となる面白い問題なのです。

5 虫にははいらないかもしれませんが、夏にカエル（特にカジカガエル）を飼ってその涼しい声を楽しむ習俗も日本にありました。ところでアメリカでも、人々がよく跳ぶ蛙を持ち寄って、誰の蛙が一番遠くまで跳ぶかを競うゲームのことを、マーク・トウェインが面白く書いている短編小説がありましたが、このような遊びはいまでもあるでしょうか。Mark Twain, *The Celebrated Jumping Frog of Calaveras County*

6 **虫を食べる**という昆虫食の風俗は、西欧文明圏には見られませんが、アジア、中南米、そしてアフリカには今でも広く見られる食生活なのです。日本でもイナゴのほかに、信州の蜂の子食はよく知られています。その他長野県伊那市のあたりでは、ザザムシと呼ばれる、カワゲラなどいくつかの水生昆虫の幼虫も、揚げ物にしたり佃煮にしたりして食べられています。私は南米からのお土産にアリをチョコレートに混ぜ込んだお菓子を貰ったこともあります。

7 「『侘び』『寂び』の感性」、野田ドリット『私は日本のここが好き！　外国人54人が語る』加藤恭子編、二〇〇八年、出窓社

8 中国にはコオロギを戦わせて勝敗を争う賭け事があります。

9 『財界』二〇一三年九月二十四日号、財界研究所

第二章　日本の感性が世界を変える——日本語のタタミゼ効果を知っていますか

ここまで私は、拡大成長路線の人類史的行き詰まりを指摘し、そこから脱却するために、日本文明が持つまれに見る親和力、すなわち他者との対立を避け、共存を大切にする感性的な生き方を世界にアピールする必要があると述べました。後でも詳しく述べますが、日本語と日本文化が持つ力とはたとえばどういうことなのか、それについてとても興味深い現象を紹介しながらお話ししたいと思います。それは「タタミゼ効果」と私が名づけた現象で、本書を執筆しようと思い立った動機の一つでもある現象です。

日本好きから始まった「タタミゼ」

フランス語にタタミゼ tatamiser という言葉があります。古くからの由緒ある言葉ではないので、日本の大きな仏和辞典にもまだ載っていないようですが、このタタミゼは日本語の畳（たたみ）という言葉をフランス語の動詞にしたものなのです。これがいつ頃から使われ始めたものかは良く知りませんが、おおよその意味は〈日本かぶれする、日本贔屓《びいき》になる〉と言ったようなところでした。

初めは万国博覧会かなにかで日本が大好きになったフランス人が、家中に日本の浮世絵や美しい扇子を飾ったり、部屋の入り口には竹のすだれを、そして床には日本の畳を敷いて座ったりするといった、日本情緒あふれる暮らしぶりを楽しんでいるのを見た周りの人が「あいつはタタミゼした」、つまり日本かぶれしたとからかい半分、呆れ半分に言った言葉のようです。それが今では、日本に派遣されたフランスの新聞社の特派員や商社マン、そして外交官などが、何年か経ってフランスに戻ると、周りの人が「やつはタタミゼしたぞ」などと、日本という異文化の影響で〈日本ボケした〉といった意味でも使う言葉になったらしいのです。

ところが二〇一一年の十二月、私が政策研究大学院大学の日本語教育指導者養成プログラムの十周年記念シンポジウムで講演するために、東京六本木の校舎に赴いた際、この式典に招待されて再来日した、数名の各国からの以前の卒業生と雑談しているときに、一人が日本語を学習するとタタミゼになるというようなことを言ったのです。ハッとした私が、他の人にタタミゼって分かりますかと聞くと、この言葉は留学生の間ではよく使われていて、久しぶりに自分の国に戻ると、つい日本で身についた色々な癖が出て、周りの人と調子が合わないことが間々あることを指して言うのだそうです。時間がなかったので残念ながら詳しくは聞けませんでしたが、やたらと「済みません」と言ったり、直ぐ謝ったりしてしまうということらしいのです。

私は以前から英語を得意にする日本人の学生たちが、英語で議論するときは、かなりはっきりと自分の意見や考えが言えるのに、日本語で同じことをしようとすると、なんだか巧く事柄を説明できなくて困ることがあると言っているのを知っていました。そこでもしかしたらこのこともタタミゼの問題とつながる、日本語と西欧語がそれぞれ持つ、言語と文化の異なった性格に関係した、本格的に研究すべき現象だと考えるようになったのです。そこで先ず私が、どのような外国人日本語学習者の反応や意見を、タタミゼの具体例と見ているかを、何人かの人々の文章を引用することで示したいと思います。

（一）日本語を話すたびに、礼儀正しくなったと感じたアメリカ人

だいぶ前東京にアメリカの人類学者でハーバート・パッシン（Herbert Passin、一九一六〜二〇〇三）という人がいました。この人は米国が日本と戦争になったとき、急いで作られた米国陸軍日本語学校の第一期生として日本語の特訓をうけ、戦後は来日して占領業務に携わると同時に、日本の社会や日本人を人類学的な立場から研究した人です。この方が書いた『米陸軍日本語学校——日本との出会い』（加瀬英明訳、一九八一年、ＴＢＳブリタニカ）の中にある次の文章を最近改めて読み直したとき、私は日本語と日本文化のもつ一種独特の同化力を、**タタミゼ効果**という言葉で表すとよいと思いついたのです。次に同書からパッシンの言う「自我の再構成」についての記述を引用します。

外国語を学ぶということは、新しい情報体系を吸収するだけでなく、自我を大きく変貌

させる複雑な過程でもある。自我が実質的に再構成されるわけである。しかもこの過程は、心理領域がからむだけでなく、生理領域も関連をもつように思われる。私はいくつもの言語を話すが、ある言語からある言語へと使う言葉を変換すると、自分が人格も身振りも動作もそして頭脳構造の枠組までも、それに合わせて姿を変えてゆくのがわかる。少なくとも私にはそう思えるのである。

フランス語を話すと、実際にはそういうことはないかもしれないが、自分が頭脳明晰、論争好きで、説得上手になったように思え、同時に口先ばかりの逆説的で意表をつく人間になったような気になる。フランス語はどちらかというと〝口説き〟に力量を発揮する言語のようである。

しかし、スペイン語に切り替えると、また別人のようになる。正しいリズム、イントネーションを保とうとして、私の身振りは、メキシコ人そのものになってしまう。内に力がみなぎり、自分が〝男のなかの男〟になったような錯覚に陥る。かなり高圧的、独断的になるが、その反面詩人にもなる。俗っぽくもなるし、快楽的になる場合もある。

ところが、日本語を話すたびに、自分はこんなにも礼儀正しい人間になれるものかと、自分で驚いてしまう。こういうことは、英語を話すときは一度も感じたことはない。

言葉が異なると、別人になった意識を持つのである。人にも異なった反応をするし、同じ事物でもいささか違ったように受け取ることもよくある。視角が違ってくるのかもしれない。（中略）言葉を切り替えると、心までが位置を変えてしまう。私はよく、そのときしゃべっている言葉の国の人間に間違われるが、さもありなんと思うのである。
自我の再構成（同書、九六－九七ページ）（太字鈴木）

外国人が、自分の国とは大きくかけ離れた言語文化をもつ日本に長期滞在すると、私の言うタタミゼ効果が出てくるという例を、冷泉彰彦氏の書かれた「日本社会の『上下の感覚』」からとりました。[注1]

（二）**「男性を立てる」ようなスタイルになってしまったアメリカ人女性**

この「上下の感覚」に関して言えば、一人のアメリカ人女性のことを思い出す。彼女は、九〇年代に西海岸の教育ソフト会社でマーケティングを担当しており、東海岸の語学サービス会社に勤務していた私は取引先として付き合いがあった。いつもは切れ味のよい英語で著作権絡みの交渉を仕掛けてきて、なかなかのタフ・ネゴシエーターであったが、ある時に電話で雑談をしていると、突然流暢な日本語で話しかけてきたので驚かされた。聞けば、日本が大好きで、留学した後に日本の化粧品関係のメーカーで五年ほど勤務したのだという。

どうしてその会社を辞めて、アメリカに戻ったのかという彼女の話は興味深かった。日本の会社勤めをしていくうちに、アメリカでは意識しなかった「自分の中の女性」を意識するようになっていたのだという。そして、**気がつくと万事が控えめで、基本的に「男性**

を立てる」ようなコミュニケーションスタイルが身についてしまっていた。しかし、それは日本では極めて自然なことであった。

だが、ある時アメリカに「帰省」した際に、彼女はショックを受けた。自分が生まれ育ったアメリカの社会においても、彼女は万事に控えめになり、他人と対等に共存することができなくなっていたのだ。彼女が味わったのは「自分が自分でなくなりつつある」という一種の喪失感、崩壊の感覚であった。その「事件」を契機として東京の会社を辞め、あらためて当時活況を呈していたシリコンバレーのハイテクの世界に飛び込むことで「見失いそうになっていた自分」を取り戻すことができたのだという。（太宇鈴木）

（三）**婉曲な表現は日本語や日本文化に起因している**

タタミゼ効果の次の例は、古森義久氏の「あめりかノート」（産経新聞二〇一二年一月五日）にある話です。内容をかいつまんで紹介します。

アメリカの「ワシントン日本語継承センター」でインド系米国人のリヤ・プラダンさんが、あまりにも自然な日本語を話すので、調べてみると母親が日本生まれのインド人サンギータさんだと分かった。そこで会って聞いてみると彼女いわく、「夫にもよく指摘されるのですが、**私の言動の特徴の婉曲さなどは日本語が象徴する日本の文化や価値観に起因しているところが大だと思います**。だからこそ娘にも日本語を身につけてほしかったのです。」（太宇鈴木）

（四）日本語を使いつけると柔らかい人になる

上智大学で長年フランス語を教えられてきた加藤恭子氏は、アメリカとフランスで長年留学や研究生活を送られたという豊富な異文化経験の持ち主です。同氏は二〇〇六年八月に発行された文藝春秋・特別版『私が愛する日本』の中の特集「私は日本のここが好き！」を編者としてまとめられ、二〇〇八年に同名の単行本として出窓社から出版されました。

この本の中にあるごく普通の留学生や、日本に様々な理由で長期に滞在している外国の人々が、それぞれの立場から自由に語った肯定的な日本観は、日本人自身がふだん気づいていない日本の良さを外からの目で指摘しているという意味で、とかく否定的で自虐的な自国観に傾きがちな戦後の日本人を勇気づけるものとして、広く読まれました。

その中の一人、ロシア人のビジネスコンサルタントで、元在日ロシア大使館一等書記官・文化担当官のセルゲイ・ハルラモフ氏は、通算で約七年日本におられた方ですが、次のように述べています。

（東海）大学での柔道の練習が、日本の理解を深めるのに大いに役立ったような気がします。武道場での雰囲気は、日本の社会の構造、文化、伝統をよく反映しています。伝統や年上の人に対する尊敬の心、先輩と自分との関係、厳しい規律、そして何よりもルールを守らなければならないこと。日本では、「ルール」が本当にきっちりとしています。そう、もし何か決まったら、もうほかの動きはできなくなります。変更は決してありえません。また、日本の人は、自分のことだけではなく、周りにもとても気を遣います。自分の庭だけではなく、家の前の道もきれいに掃いたりしますよね。日本からロシアに帰国すると、**モスクワの友人たちに「日本人になったみたいだ」と冗談を言われるぐらい、自分でも気づかないうちに、いろいろな面ですっかり日本人に近くなったようです。人あたりの柔らかさ、柔軟な態度、否定したい時の答え方は、「いいえ」ではなく「検討します」と言うようになったからでしょうか**（笑）。（太宇鈴木）

外国の人が日本に来て何年か日本語を習ったり、長期にわたって日本に滞在したりすれば、皆がみなここに挙げた人たちのように、日本化というタタミゼの強い影響を受けるわけではないことはもちろんです。その人の持って生まれた性格、職場の環境、どのような友人関係を持ったかなど、様々な要因が複雑に絡んでいるからです。でも日本の影響で自分が変わったと言う人々に一貫して見られる傾向は、日本の文化に囲まれて日本で暮らし、日本語を使いつけると、自分で気がついたとき愕然とするような、いつの間にか柔らかい人、相手を立てるような人になっているということです。

（五）日本化されると、にこやかに謝ってしまう

次は一九二二年に日本の横浜で生れたドロシー・ブリトンさんの証言です。英国人の会社経営者を父に、アメリカ人を母として子供時代を日本で過ごしたドロシーさんは、戦後に再び日本に戻り、英国大使館に勤め、岩国の英連邦空軍司令官で後に〝サー〟の称号を贈られた方と結婚され、その後もずっと日本に住み続けていらっしゃいます。日本滞在六十四年の経歴の持ち主で、エッセイや翻訳（『窓ぎわのトットちゃん』黒柳徹子、など）も発表されています。

日本のどこが好きなのかと聞かれれば、あまりにも多すぎるし自分自身を分析するようで答えにくいのですが、第一に人間です。朗らかで、親切で、にこにこした顔が多い。満員電車の中でさえも、穏やかな顔をしているように私には思えます。他の国ではもっとけわしい、しかめ面が多いですよ。ロンドンのバスの中で男の人の靴を踏んでしまったことがあるのですが、「I'm so sorry.」とちゃんと謝ったのに、その人は「貴女はちっともソーリーじゃない」と怒っていました。**日本化された私は、にこやかに謝ってしまったんですね。**（太字鈴木）

（六）私自身が体験したタタミゼ効果の典型例

これは私が自宅近くのビルの九階にある区役所の出張所に用事で出かけ、エレベーターに乗ったときのことでした。私の後から一人の外国人の青年が乗り込み、彼も同じ九階で降りました。ところが彼は私より先に外へ出るとき、私に軽く会釈《えしゃく》したのです。私には彼のこの行為、つまり見ず知らずのたまたまエレベーターに乗り合わせただけの他人に、会釈して先に出ることは、タタミゼだとピンときたのです。

事務所の中に入ってみると、彼はすでにカウンターで何かを頼んでいました。私も自分の用事を係りの人に頼んで、さて座って待つとするかと辺りを見回すと、先の青年がすでに座っている席の隣が空いているのが目に留まったので、そこにわざと座ることにしました。先ほどの私の勘が当たっているかどうか確かめたくなったからです。そこで私が「失礼ですが、ちょっとお話ししてもかまいませんか」と話しかけてみると「どうぞどうぞ」と返ってきました。

そこで日本にはすでに何年位いるのか、お国はどちらでといったことを聞くと、もう十七年日本にいて、カリフォルニアからきたとのこと。そこで私もカリフォルニアには度々行ったことがあるなどと他愛のない話をしているうち、私の名が係りに呼ばれたのを機に、どうもありがとうと言って別れたのです。私が先ほどの会釈から想像したように、青年の言葉遣い、態度物腰はほとんど日本人でした。

（七）日本に充満しているタタミゼ力

このようなタタミゼ効果が、およそ『和をもって貴しとなす』の日本とは全く反対の、長い民族間の対立抗争の歴史を持つ欧米人たちに、実際どれだけの深い変化をあたえることが出来るかは、やってみなければわかりませんが、このタタミゼ効果が次の例のように、日本を離れて久しい**日本人にさえも作用する**ことを私は知っておどろきました。

スウェーデンの方と結婚されてヨーロッパ生活がすでに三十年にもなるデュラン・れい子氏が、わずか数ヶ月日本に戻られて、「再びヨーロッパに帰ると、あちらの友人に『れい子は半分ヨーロッパ人だと思っていたけど、なんだか日本人に返ってしまったね』と言われる」と書いておられます。「『なんで? どういうところでわかるの?』と聞いても、『うーん、何となくそう感じる』という返事。人間は暮らす環境に順応していくものなのですね[注2]」

これはまさに逆タタミゼ効果が起こっていると考えられます。日本の社会に充満している日本的なるもの、つまり日本語や日本文化の力は、デュラン・れい子氏のような半ばヨーロッパ化した日本人をも、あっという間に日本的な雰囲気の中に引き戻してしまうほど、強力な粘性を持っているのです。私はこの粘性をなんとか国外に広げることによって、世界、特にヨーロッパ社会の人間関係にある棘《とげ》とげの毒を中和させる夢を持っているのです。

このタタミゼ効果は、その人の周りの日本人のタイプ、その人の職業などによってその効果の表れ方が違うようです。例えば外国人相手の日本人の教師は、外国人学生に対して、日本語の発音、文法だけでなく、語用論的な問題、たとえば日本の社会での言語行動の特徴について、日本語は相手の気持ちを察する高文脈言語であるといったことなども教える、つまり結果として学生をタタミゼ化する教育を積極的にしていることになります。したがって学生たちにタタミゼ効果が表れやすいといえます。

これに反して日本にいる外国人(語学)教師の多くは、むしろ彼らの文化を基準として、日本人学生がアメリカ人やフランス人のように考え行動するようになることを目標にして、学生を教育するため、自分のほうが言語的文化的に日本的になることが少ないように思われます。

以下は、神戸にあるコミュニカ学院院長の奥田純子氏が留学生たちから集めた報告をまとめられたものです。日本語のタタミゼ効果が世界平和に役立つという私の主張も、これらの留学生たちの声を聞けば根拠があるとわかってもらえるでしょう。

●あいづち・うなずきながら聞く習慣（韓国・台湾の男女）

なんでも賛成して、自分の意見がないのかと両親に言われた。相手の話をうなずきながら、聞く習慣が身についていた。あいづちを打たない相手には、母語の会話でも聞いてる？ と言ってしまう。うなずくことは、相手への気遣い、やさしさだと思う。

●よく謝るようになった（国籍不特定）

話をごめんねから始める。

●人の話を聞くようになった・自分だけ話さない（フランスの女性）

一時帰国したとき、友人から静かになった（ぺらぺら話さなくなった）と言われた。相手の話をよく聞くようになったことに気付いた。フランス語で会話していると話があちこちに飛んで、疲れる。断定しなくなった。

●はっきり言わない。文脈・行間に意味を込める（フランスの男性）

自分の英語が変わってきた。ストレートに言わなくなった。以前は日本人の英語は、表面的な言語上の意味は分かるが、意図が全く理解できなかった（婉曲な断りなど。例：あるプロジェクトでパートナー企業の日本人担当者から、「これこれしかじかの状況で、これこれが、難しい」と言われたが、「よくわかりました。それで、いつ完成しますか?」と反応していた)。それが気づいたら、いつのまにか自分の英語でのやり取りもハイコンテクスト、行間依存になっていた。相手によって今は英語を使い分けている。

●とりあえず（韓国の男性）

物事は計画を立てて、見通しをつけてからやるのが正しいと教えられたし、そうやってきた。まずやってみて、その経験から何かを始めることはなかったが、日本語の「とりあえず」という言葉に出会ってから、「とりあえず」始めることの大切さを知り、自分の社会とのかかわり方や感じ方、行動が変わった。（例：とりあえずビール）

●自分に対して悔しい（韓国の女性）

韓国語では相手の行動によって自分が不利益を被ったときにしか「悔しい」と言わない。韓国語で自分の行動が悔しい対象にならないため、自分の行動に対して「悔しい」という感覚が分からなかった。日本語が上達するにつれて、自分の行動が自分に返ってくることがよくわかるようになった。きちんとできなかった自分を反省する「悔しい」は日本語でしか言えない。

●無防備になった（国籍不特定）

国に戻ると無防備になっている自分に気付いた。置き引きに合う。財布をすられる。販売機に商品の金額以上の釣銭が必要な紙幣をいれてしまう。レストランの請求伝票をチェックしないで、注文以上の金額を払わされた。タクシーのドアが開くのを待っていて、後ろから来た人に先に乗られてしまった。

●食器を片づける（台湾の女性）

セルフスタイルのレストランで、食後にトレーで食器を返却口まで返した時、母に日本に行ってメイドになって帰ってきたと言われた。台湾は協力したり次のお客のことを考えたりしない文化だと思った。日本スタイルのほうが気持ちがいい。

●日本に帰るとホッとする（国籍不特定）

言葉（声調、音声、物言い）の柔らかさがある。優しい。直接的に言わない。人を押しのけて競争することがない。始まりの時間は厳しいが、終わりの時間は緩やか。

●おかげさまで（日本語混じりのスペイン語。スペインの女性）

スペイン語を話しているにもかかわらず、思わず「おかげさまで」という日本語が口をつく。

●主語「私」を使うことの戸惑い（フランス・ナイジェリアの男性）

フランス語では「私」がまずある。日本語にはそれがない。状況全体がざっくりあって、「あっ！　ゴキブリ」だったりする。私が私がを主張しないことは最初は気持ちが悪かったが、全体の中に何となくいることが、ふあ〜として心地よい。

読者のみなさんはこうした声をどうお考えになるでしょうか。

日本文化と日本語の同化力が何によるものなのか、私はまだ正確な分析をしたわけではありません。しかし、現代の日本に根強く残る自然との融和性や共生的世界観、そして日本語自体に秘められている感性的なユニークさが、外国人をしておのずから日本化させてしまうことは、以上のような例で明らかだと思います。とりわけ重要なことは、タタミゼ化した当の外国人自身が心地よいと感じ、闘争的対立的な感覚が和らいだと感じていることです。私が、タタミゼ効果が世界平和に役立つと「夢のような」ことを本気で考えているのは、まさにこうした事実ゆえなのです。

ただし困ったことに、これまでは日本人自身が、わが日本文化と日本語の力にまったく自信がなく、肯定的に力強く日本文化と日本語の力を主張することをしてきませんでした。本書では、その精神的な偏りとその背景を指摘していきたいと思いますが、その前に、いま私がこのタタミゼに関連して、何よりも鎖国の江戸時代に注目していることを述べたいと思います。それは人類全体が有限な地球のなかで、いわば過密の鎖国状態を迎えた今、典型的な鎖国であった江戸時代の人々の生き方を振り返ってみることで学ぶことが非常に多いと思われるからです。

注
1　『本』２０１２年2月号、講談社、18ページ
2　『一度も植民地になったことがない日本』デュラン・れい子、二〇〇七年、講談社＋α新書

第三章　鎖国の江戸時代は今後人類が進むべき道を先取りしている

私は日本がわずか百五十年前の一九世紀後半まで、広い外の世界と可能な限りの接触交渉を避け、国内だけで全てを基本的には賄うという、いわゆる鎖国（海禁）体制を、一七世紀初頭から二百五十年もの長きにわたって維持したことは、近代の世界史上特筆に値する偉業だったと考えています。そしてこの選択は今から見ると、日本という国のためにもこよなきものであったのです。（ここで一言お断りしますが、私のここで述べる江戸時代に対する評価は、歴史の専門家でもない、現在の日本の一人の知識人としての私の立場からのものであって、その立場とは何かと言えば、それは《終わりよければ万事よし》というものです）

江戸時代は、現在の人類社会が見習うべき、理想的とも言えるほどの持続可能な省エネ型のリサイクル社会ですが、この点はすでに多くの文献がありますから私は深入りせず、私の観点から特に重要と思われるいくつかの点を短く述べることにします。[注1]

対外戦争で人が死んでいない

徳川幕府の決断した鎖国体制が日本にもたらした計り知れない利益というか良かったことの第一は、この長い期間日本は外国とただの一度も、戦争という誰でも出来ることならば避けたいが避けることの極めて難しい、国家レベルでの抗争をまったく行わずに済んだことです。よく戦後日本の平和主義の誇るべき実績の一つとして、七十年近くも戦争で日本人が一人も死んでいないことが挙げられますが、この点で江戸時代はその三・五倍近くもの長期間にわたって、**鎖国のおかげで日本人が一人も対外戦争では死んでいない**、なんとも素晴らしい時期だったのです。[注2]

それだけではありません。現在ではある国が外国に対して戦争を仕掛けることは、その目的が何であれ良くないこととされています。ところが鎖国時代は日本人が外国に全く出て行かないのですから、すでに言ったように日本人が戦争で死ななかっただけでなく、外国の人も日本人によって殺されていないことになります。と言うことはある国が鎖国をすれば、その分だけ「本質的に何がなんでもよくない」とされる戦争がなくなるわけですから、世界中の国がみなそれぞれ鎖国をすれば、世界から一度にすべての侵略戦争がなくなる道理です。こんな「馬鹿気たこと」を考えた人がいるでしょうか。閑話休題。

日本が鎖国しているとき欧米は？

ところで日本が鎖国をしている間、つまりこの不戦の二世紀半の間、欧米諸国は一体どんな状態だったのでしょうか。実はこの間、欧米のいわゆる**先進国は皆**、人類史上初めてと言ってよいほどの残酷無比な**侵略戦争**、**略奪戦争**を、世界各地の弱小民族に対して行っていただけでなく、お互いの間でも数え切れないほどの領土の奪い合い、イデオロギー上（旧教対新教など）の血みどろの対決、経済権益をめぐる熾烈な争いに終始していたのです。

日本はこのような争いにこの時期全く関係しなかったのですから、英雄偉人の活躍だけに焦点を絞らず、人間の幸福、特に**庶民の幸せはどうだったのか**という観点から、改めてヨーロッパ史を見直してみたい方は、ぜひお手元にある世界史年表を覗いてみられることをお勧めします。

さて私が江戸時代の鎖国を肯定的に見るようになった第二の理由は、外国との交渉を断ち切ったために、国は軍備に金を投じることなく民生に専念でき、そのうえ外から武力面ではもちろん、**文化的にも攪乱行為を全く受けずに済んだ**結果、日本国内ではゆっくりと時間をかけて、独自の文化、殊に**民衆・庶民文化が発酵**することが可能だったということです。

これに比べると殆どのユーラシアの国々では、今触れたように絶えず戦乱で国土が荒らされるために、支配階級が他国から強奪してきた金品財宝の力と、優れた技術を持った略奪奴隷や農民を酷使しての壮麗な宮殿や、四囲《あたり》を圧する大神殿などを造営することは見られても、広く一般庶民の間に見るべき文化が栄えることは殆どありませんでした。要するに**酒池肉林**、**大廈《たいか》高楼の林立する華やかな宮廷貴族文化は栄えても**、**豊かな幅広い民衆文化は育たない**ことが多かったのです。

鎖国の江戸時代はこの点全く違いました。西暦一六〇〇年の関ヶ原の戦いを最後に、国内の長かった戦乱も収まり幕藩体制が形を整えてゆくのにつれて、それまで連綿と途切れることなく公家貴族および武士階級に存続してきた和歌や雅楽、能狂言、茶の湯や生け花、陶磁器の製作などが様々な形で裕福な商人や農民に広まりだし、ついで色々と変化変形を遂げながら、広く一般庶民の間にも広がり始めたのです。

後で私が挙げる、現代日本の庶民に広く愛されている俳句をはじめとする言葉芸術、あるいは言葉の遊びの殆どは、すでに江戸時代に高度な発達をとげていたものなのです。

外でなく内へ、大でなく小へ

私がなぜこのような「言葉を楽しむ庶民の詩的創作活動」をとりわけ高く評価するかと言うと、人間が本来的に持つ**向上心や所有欲**、他者に対する**競争心や敵愾心《てきがいしん》**を、鎖国であるがために通常の国家のように国外にその捌け口を求めることが出来ず、さりとて唯でさえ狭隘《きょうあい》で全てが限られている日本の国内では、どうにも処理のしようがないとき、これらの欲望のヴェクトルの向かう方向を、結果的に**外**でなく**内**へ、**大**でなく**小**へと**転換**させ、新しい**無限の精神的な地平**を人々に開くことに成功していると考えるからです。

というのは何よりも言葉を素材とする遊びや詩作行為は、何一つ特別の道具も広い場所もいらず、しかも地位身分を越えて誰でもがそれに**主体的な行為者**として参加でき、そこで仲間と互いに競うこともできるという理想的な省エネ的型の、しかも人間だけができる自己充足的な活動と言えるからです。

このような活動が、今すでに始まっている「俳句」の国際普及の例のようにこれから次々と世界に広まることは、地球全体が鎖国の江戸時代とまさに同じ仕組みの、フロンティア消滅の閉鎖世界となりかけていて、これからは人間活動の使用エネルギー総量をなんとか減らし、活動の規模を縮小させる必要に迫られているだけに、きわめて有効な余暇の使い方なのです。

目新しいものを常に欲しがるという**発展向上を求める気持ち**、他人と少しでも差をつけたいという**競争心**そのものは、人間が生まれつきの本能ではなく大脳の知的な働きによって生きることを宿命として持っている生物である以上、人間の本性そのものに深く根ざしている性質です。従って、これを無理に抑圧しようとする贅沢禁止令のような改革は絶対に長続きしません。しかしこの自然な人間的欲求を、地球の安定的存続をできる限り妨げない方向にむけて満足させることは充分に可能だということをはっきり証明したのが、私の見る限り、これまで誰も指摘したことのない**鎖国の江戸時代の今日的意義**なのです[注3]。

その意味で大庭園は持てなくても、坪庭に蹲《つくばい》や形の良い石を置き、僅かな草木をあしらうことで季節の変化を愛《め》でると言った、常住坐臥のうちに喜びを見出す自然の楽しみ方も、江戸時代からの日本の庶民が得意とする素晴らしい生き方だと思います。現在の完全に都市化した東京の街中でも、小さなマンションやアパートの、更に小さなヴェランダに、草花や盆栽の鉢を並べているところは決して少なくありません。

先日所用のため、私は昔学生の頃よく通った東京品川駅近くの、ごみごみした小さな町工場の立て込んでいる小道を歩いていました。そのとき以前は気にも留めなかったことにハッと気づいたのです。それは西欧かぶれした建築家や造園家ならば決して美しいとは褒めないと思われる、様々な資材や汚い廃品が山積みの工場の塀沿いに、薄汚れたトロ箱がいくつも並べられ、なんとそこにシクラメンだとか三色すみれといった、明らかに園芸店で買ってきたと思われる色とりどりの草花が、いっぱい植えられていたのです。

そこで思い出したことは東京の、家が立て込んでいる下町でも郊外の住宅地でも、以前は狭い路地の両側の、庭などどろくにない家々の玄関先に、万年青《おもと》や蘭の鉢、そして梅の盆栽などがやや雑然と並べられていた見慣れた風景です。どうもわれわれ日本人は大きな西洋式の公園の整然とした、よく手入れされた花壇をわざわざ眺めに行くよりも、何とかして花や植物を身近に置いて、自分でこまめに世話をする方が性に合っているように思います。

盆栽は小自然で大宇宙

今盆栽と言いましたが、実はこれがだいぶ前からちょっとした世界的なブームとなっているのです。私も三十年ほど前オーストラリアに滞在していたとき、メルボルン郊外の丘陵地帯を車で走っていて、突然道端にBonsaiと大きく書いた看板があるのを見てびっくりしました。

日本の盆栽には何十年どころか樹齢百年、なかには二百年と称する老木があるくらいですから、このような毎日細かく世話をしなければすぐ枯れてしまう古木の盆栽は、日本の社会が如何に戦乱とは縁遠い平和なものであったかの生き証人なのです。そして何にでも凝る日本人の気質は、この小さな盆栽にすらも樹形から枝振り、根の形、葉の付き方などあらゆる点に細かな専門的な名称をつけ、そんなことからもいかに人々の労力と注意が払われているかがよく解ります。小さな鉢植の古木を通して遥か彼方にある鬱蒼たる森を想像する楽しみ、これこそ現実ではなく精神の地平に遊ぶ心なのです。

自分の身近に花木を置いて楽しむ風俗の一つに、夏の朝の朝顔市の賑わいがあります。もともとは薬草として用いられていた朝顔が、江戸初期からは花を楽しむ庶民の娯楽として広まり、花の色や大きさ、形などに凝った工夫や改良がみられます。七月の早朝に咲く朝顔を見るにつけ、なんと多種多様なことかと驚きますね。子供たちの夏休みの宿題でも朝顔の生長観察は身近なものです。

朝顔と同じぐらいに全国的な人気のあった草花は桜草だと思います。こちらは、春あたたかくなる頃にひろい川原や原野一面に咲く、色や形が桜を思わせる花を、家族や友達を誘って見物に行く物見遊山的な楽しみ方がかつては一般でした。

江戸時代も半ばを過ぎるころは財政窮乏の為に、武士までが様々な内職で稼がなければ体面を保つことが難しくなっていましたから、寺子屋で子供たちに読み書きを教えたりすることのほかに、桜草の品種改良などを行って収入を得ることもあったりしたようです。

鳥類の飼育

このような身近な自然に対する人々の興味と関心は、当然植物だけに止まらず、すでに第一章で述べたいろいろな美しい声で鳴く虫をはじめとして、同じくその涼しい声を楽しむカジカガエルの飼育、そしてウグイス、メジロ、ヒバリ、ホオジロ、ノジコ、コマドリ、オオルリそしてウズラなどの小鳥が、江戸時代には広く日本中で、あらゆる階層の人々によって飼育され、この伝統は、地方によっては環境保護の声の高まる昭和の半ばまで続きました。

これらの小鳥の中でも特にウグイスは、古来和歌などにも歌われ、〈梅に鶯〉として様々な絵画や装飾にも使われる人気一番の小鳥でした。そこで毎年旧暦の正月（現在の新暦の一月の下旬から二月の下旬ごろに当たる）に巧く合わせて初鳴きをするようにと、鳥籠の明るさや餌の質の調節をはかるなどの飼養技術がいろいろと工夫され、初夏には「鳴き合せ」と呼ばれる今でいう鳴き声のコンテストまでが毎年催されて、優勝したものは大変な高額で取引されるといった具合でした。

しかも江戸時代には、ウグイスやノジコ、そしてヒバリなどを中心に、**付け子**という世界でも珍しい、声の良い鳥を代々「**教育によって**」創りだすという高度な技術が開発されていたのです。これは鳴き声の良い成鳥のところに、山野から捕ってきた同種の雛鳥を、小鳥の種類や飼い主の経験と流儀によって細部は違いますが、一定期間弟子入りさせて先生の美しい歌を覚えさせ、美声の弟子をあらたに養成するやり方です。

実はごく最近までは小鳥の歌、つまり囀《さえず》りは、殆どの声を出す生物と同じく、生まれた雛鳥に生得的に備わっているものと、世界のどこでも思われていたのです。つまり子牛がモーと鳴いたり子猫が自然にニャーと鳴くのと同じに、生まれつきだというわけです。ところが江戸時代の小鳥好きたちは、どういうわけか美しい声で鳴く歌鳥の歌は、雛が生まれた後で親鳥の歌は言うまでもなく、別の鳥の声や、さらには鳥の声以外の様々な音までも、学習して覚えたものだということを経験上知っていたのです。[注4]

このように小鳥は囀りを親から先天的にそっくり受け継ぐのではなく、かなりの部分は生まれた後、学習で完成させるのだということは、ようやく一九五〇年代にイギリスの鳥類学者ソープ（W. H. Thorpe）などの実験によって、初めて科学的に明らかにされた事実ですが、それより二百五十年も前に、江戸時代の小鳥の飼育者たちはこのことを経験的にいち早く知っていて、それを囀りの改良に利用していたのは驚く他ありません。

また動物の品種改良については、大陸の諸外国に比べて家畜利用のほとんど見られなかった明治以前の日本では、鶏《にわとり》の様々な改良が見られました。それも実用性のない娯楽や観賞の方向で、諸外国では見られないタイプのものでした。

その一つは雄鶏の尾羽を長く長くする改良です。四国の土佐地方で江戸時代初期の一六五〇年代に生まれたというオナガドリは、尾羽が極端に長い鶏の品種です。普通の鶏は尾羽も毎年換羽するため、あまり長くなりませんが、この品種は尾羽が換羽をせずに毎年数十センチ以上も伸びるため、近年ギネスブックに登録されたものは尾羽が一〇・六メートルもの個体でした。このオナガドリは現在国の特別天然記念物の指定を受けていることもあって観光価値が高く、高知県南国市の長尾鶏センターなどでみることができます。

鶏のもう一つの珍しい改良は、長鳴き鶏と呼ばれる、長くて勇壮な時をつくる品種を作りだしたことです。普通の鶏のコケコッコーの何倍もある長さにコーの部分を引っ張って鳴く、勇壮な感じのする鳴き声の鶏です。品種としては**唐丸**や**声良し**、**東天紅**などがありますが、このように鶏の声を改良して観賞する文化はおそらく日本だけだと思います。以前は正月元旦の朝、NHKのラジオ放送で流していましたが、最近はどうでしょうか。

初めに挙げたオナガドリは鶏の尾羽を長くする改良でしたが、今度はその反対に尾羽をどんどん短くして、新しく尾羽のない品種を生み出すことも江戸時代には行なわれているのです。その鶏は形がウズラに似ていることからウズラチャボと名付けられています。この小型の鶏は土佐の産で、東天紅やオナガドリも同じく土佐産ですから、南国土佐は鶏の飼育によほど適している土地柄と思われます。

以上で、江戸時代には人々がいかに身近な自然や動植物を相手に、様々な楽しみや情熱を注ぎこむ対象を見出していたかの一端をのぞき見したわけですが、金魚や鯉と言った魚類も見逃すことはできません。

日本は古くから一貫して文化宗主国であった中国から様々なことを学んだり、模倣したりしたわけですが、金魚や鯉を観賞用に飼育することも例外でなく、早くも室町時代には伝わっていたようです。江戸時代の中期ともなると金魚や鯉の飼育観賞は広く庶民の間に広がり、ことに**夏の納涼風物**として、緑色の藻と共にいろいろな容器に入れられて、生活に潤いを与えることになったのです。

私が子供の頃でも、遠くから初夏の金魚売りのあの特徴のあるキンギョーキンギョーと言う抑揚をつけた売り声が聞こえると、それっと入れ物を持って外へ飛び出したものでした。もちろん子供が買えるものは琉金とか獅子頭と言った値の張るものではなく、ごく普通の和金か、せいぜい出目金ぐらいのものでした。錦鯉の方はすぐ大型になるためか、小さくても池のある家でないと飼えなかったようです。

音を楽しむ文化

鳥や虫などの生き物ではなく、無生物の出す様々な音も昔から日本人は生活の中でいろいろと楽しんできました。その代表例として現代でも少し前まではどこにでもあった**風鈴**を先ず挙げることができます。一昔前の日本の家屋はほとんどが木造で、それと竹の簾《すだれ》や畳などがすべて吸音性の高い素材で出来ていたので、軒に吊るしたガラスや南部鉄の風鈴が風に吹かれての、チリーンという音は何とも快いものでした。[注5]

それが辺り一面コンクリートの建物と、アスファルトの舗装道路となり、ろくに樹木もない無機質の環境の中での風鈴の音は、やたらと鋭くキンキンと耳に刺さる不快な音となってしまったのです。しかも昔の柔らかい音の風鈴の時ですら、夜寝るときはご近所の迷惑にならないよう、必ず家の中に取り込んだものでした。

私は家に犬がいたころは夜必ず散歩に出かけたものですが、そびえたつ高層マンションのどこかで、冬の木枯らしに吹かれながらうるさく鳴り続けている風鈴の音を聞くたびに、時代を超えての文化の正しい継承は、思ったほど簡単ではないとつくづく思ったものでした。

江戸時代から伝わる、水の力をなんともうまく利用した音作りだ、と私が感心するものに鹿《しし》威《おど》しがあります。もとは田畑の作物を鳥獣の害から守るための、水の力を利用して音を出す装置を、庭園の飾りとして用いたものです。

斜めに固定した竹筒に、筧《かけひ》の水をたらし、筒が水で一杯になると竹筒が跳ね上がって水を吐き出し、その反動で空《から》の竹筒が下の石をたたいてコンというような響く音を出します。これがいつまでもゆっくりと繰り返される単純な仕組みが鹿脅しです。

これはどうせ流れてゆく水を利用するのですから、特別の動力いらずの省エネ装置で、音も特に音楽的と言うわけでもなく、ただ単純なコン！　が間を置いて続くだけですが、聞くともなしに聞いていると、妙に気持ちが落ち着くから不思議です。

これと同じく水を利用した、それも**廃水を利用する究極の省エネ型の、音を楽しむ装置**も江戸時代に開発されています。それは**水琴窟**《すいきんくつ》です。

手洗いで用を足した後、縁側の傍の手水《ちょうず》を使った後の汚れた水が、地面に敷いてある小石の下に吸い込まれていきます。するとその水が地下に埋めてある大きな甕《かめ》に流れ込むように作ってあり、その水がポトッ、ポトッと甕の中に落ちるとき、甕の空間に反響して何とも形容できない不思議な反響音が地上に聞こえるのです。これは明治時代になると益々人気が出て、各地で沢山作られ色々な変形や改良がなされましたが、基本原理は廃水（排水）を利用して、地下の空洞で生じる静かな反響音を地上で聞いて楽しむという、何とも恐れ入った工夫です。これらは鎖国の江戸時代が、人間の精神の持つ無限の可能性をあらゆる面で引き出していたことの好例だと思います。

日本は世界で詩人が最も多い国

私が一般人向けの講演や大学の講義の冒頭で、好んでよく話すことの一つに「今の日本は世界で詩人が最も多い国だと知っていますか」ということがあります。聞いている人たちの「えっ、どうして！」とか「そんな馬鹿な！」といった驚いた反応のざわめきが楽しいからです。というのも多くの日本人は詩人という言葉で、なんとなくいわゆる近代的な詩人、つまり明治以後の、欧米の詩に影響をうけた新体詩や散文詩のような詩を作る人、という意味での詩人を思い浮かべがちですから、身近に詩人が沢山いるなど言われるとびっくりするわけです。

しかし英語やフランス語などの poet や poète は、古代ギリシャ語で詩人をあらわす言葉であるポイエーテース（ποιητής）に直接つながり、そしてこのギリシャ語のもつ元々の意味は「何かを作る人、職人、技術者」で、そこから「言葉をあれこれ工夫して新しいものを作りだす人」の意味で詩人をも指すようになったのです。

ところがいま日本では特別な人ではないごく普通の庶民が、自分たちの毎日使っている当り前の日本語を、あれこれと工夫して何か新しいものの見方とか、これまで気づかれなかったような、身近な風物のもつ意外な側面や人々の心の動きなどに、思いがけない光を当てるような文学作品、それも時には立派な《言葉の芸術》と呼べるものを、いたるところで作り出し楽しんでいるのです。

ということは、われわれ日本人になじみの深い俳句や川柳、そして和歌を作る人たちは、まさに古代ギリシャ語の詩人の定義通りの、言葉を素材とする紛れもない詩作行為という**芸術活動**にたずさわっている詩人たちなのです。

ですから和歌や俳句作りにいそしんでいる、私たちの身近にいる、あらゆる階層や職業に属する老若男女の日本人は、皆りっぱな詩人と言えます。そして現在の世界でこのようにごく普通の庶民がみな詩人などという国は、間違いなく私たちの日本だけです。この点に関して、誤解のないようにと一言注意しておきたいことは、これらの人々が作る和歌や俳句の芸術活動としての高さや純度それ自体を私はあまり問題にしてはいないということです[注6]。

重要なことは、とにかく詩作活動と呼べるものに、これほど多くの一般国民が、今でも何らかの形で自発的に自分の時間を割いているということ、それ自体が驚くべきことだというのです。なぜ驚くべきことなのか、そしてこれからの地球にとって、このような人間活動がいかに大切となっていくかについては後で述べます。

私は和歌や俳句に特に強い興味があるわけではありませんが、国民的な広がりという点で、一体このような詩作活動の場はどのくらいあるのかと思い、ちょっと調べてみて本当に驚きました。

何しろどの新聞にもどの週刊誌にも、何らかの形での和歌や俳句、そして川柳の欄があり、それぞれ力を入れているのです。ラジオもテレビも負けていません。何かしらの番組を殆どが持っています。特に川柳にいたってはサラリーマン川柳から各地の老人ホーム川柳、そしてなんと刑務所まで、国民横断的に大変な賑わいをみせています。このように一般大衆を相手にする新聞や週刊誌などが、これほどまでに力を入れているということからして、関心を持つ人がいかに多いかわかります。

また和歌は何と言っても、お正月にはどこの家庭でも昔から欠くことのできなかった百人一首（小倉百人一首）が、以前ほどの人気はなくなったものの、まだまだ力を失ってはいません。新春を祝うかるた大会は、テレビでも必ず取りあげます。

百人の人の詠った歌を一首ずつ集めて百人一首にするというこの形式は、様々な点で便利なものと見えて、小倉百人一首以外にも、古くから大勢の人がさまざまな百人一首を編纂しています。

そのもっとも古いものは「新百人一首」として知られる室町幕府第九代将軍足利義尚による私撰和歌集ですが、これ以後も続々と武人の歌を集めた「英雄百人一首」や、著名な女性の和歌を採録した「烈女百人一首」、明治に入って幕末の志士たちの歌を集めた「義烈回天百首」などが続きます。

この他に私の記憶に今でもはっきりと残っているものとしては、大東亜戦争開戦直後に発表された「愛国百人一首」があります。その中で私が今でも何かにつけて口にする歌は次の二首です。

御民われ生ける験《しるし》あり天地《あめつち》の　栄ゆる時に遇《あ》へらく念《おも》へば　海犬飼岡麻呂《あまのいぬかいのおかまろ》

君がため花と散りにしますらをに　見せばやと思ふ御代の春かな　加納諸平《かのうもろひら》

百人一首と並んで庶民、それも子供にも広く愛されてきた読み札と取り札の形式を持つカルタものとしては、いろはかるた（犬棒カルタ）があります。

これは「色は匂へと散りぬるを、我か世誰《たれ》そ常ならむ、有為《うゐ》の奥山今日《けふ》越えて、浅き夢見し酔《ゑ》ひもせす」という、いろは歌の四七文字と京の字を合わせた合計四八文字を、句の頭に置いて作ったかるたです。

いろはかるたは江戸後期に始まったとされるもので内容は江戸、京都、大阪などの地域によって、かなりの違いが見られるものですが、「犬も歩けば棒にあたる」といった諺《ことわざ》またはそれに類する簡潔な教えや表現が集められている、処世術の教育にも役立つ娯楽と言えます。

短歌が今なお国民によって広く親しまれていることを示すもう一つの好例として、NHKが平成十八年から放送している「NHK介護百人一首」をあげることができます。これは平成十六年に福祉番組の中で始めた、介護関係者が介護の日々を詠まれた「介護短歌」の紹介が、回を重ねるごとに大きな感動を呼び、全国から多くの短歌がこの番組に寄せられるようになったため、改めて平成十八年から介護に関係する方々から広く短歌を募集して、その中から百首を選んだものを「NHK介護百人一首」として紹介することにしたものです。

ところでこの「介護百人一首」に関連して、すでに第二章でも紹介したデュラン・れい子氏が書かれた『一度も植民地になったことがない日本』（講談社＋α新書）のなかに、次のような素晴らしい文章があるので引用させていただきます。

何より私がいちばん強調したいのは、介護という状況を「短歌」を作ることで客観視できる日本人の感性、詩作の心を育むことがこんなにも日常的になっている日本人の教養の高さである。
「五七五七七の旋律が日本人の心を癒すのではないか。心情を語るなら、やはり俳句より短歌だろう」とは介護体験のある先輩の話である。納得、納得。確かに俳句より短歌のほうが感情を伝える力が強い。選ばれた一首一首に各人の思いが込められていて、胸を打つ。

また私の目に留まったちょっと珍しい趣向のものに『平成の外来語百人一首』などというものもあります。このようなものは熱心に調べたらまだいくらでも見つかることでしょう。

さてこの和歌（短歌）という日本民族固有の伝統文学がいかに現在でも国民の間で力を失っていないかを示す最良最高の行事があります。それは毎年の正月に皇居で行われる歌会始の儀式です。

天皇が年の初めに催される歴史の極めて古い御歌会始めに、現在のような広く国民からも和歌を募集して著名な歌人たちが選歌するようになったのは、昭和二十二年（一九四七年）からのことです。この貴賤職業を問わず広く国民一般が参加できる文芸行事は、日本が如何に開けた文化的な国へと成長したかを示す好個の具体例と言えます。毎年出題される兼題も、今では森、岸、本、生、そして光といった誰にでも取り組める身近で平易なものとなっています。海外に在住している方、移住した人も多数参加し、点字による応募も認められていて、毎年二万首前後の詠進があるよしです。

短歌（和歌）以上に現代の日本人に人気のある詩作行為は、何と言っても俳句と川柳ではないかと思います。短歌や俳句が一体どのくらいの数の日本人によって現に今作られているのかなと思い、調べてみましたが二、三百万人から約一千万までと開きが大きく、どうも正確にはつかめていないようです。

しかし考えてみればこのことは当然で、俳句や川柳をたしなむことに、なにか決まった免許もなく、和歌をたしなむからと言ってどこかに登録する必要もないので、たとえ大雑把にしても実数を把握することは無理なのだと思います。

ただ一つ言えることは短歌人口の何倍もの人が、はるかにとっつきやすい俳句や川柳に日々頭を使っていると想像できることです。このことは、街の本屋の棚に並べてある俳句関係の書籍の多さからだけでも分かります。とにかく川柳までを含めた俳句と和歌と言う二種の短詩は、いまでも日本の庶民を含めた驚くべき数の、あらゆる階層、年齢、職業の人々にとって、彼らが主体的に係わりを持っている文芸活動であることは間違いない事実なのです。

和歌のときと同じく俳句の場合も、ＮＨＫが全国から毎週きめられた課題を公募し、選者が評価するという形の放送を行っています。この番組は、もとは「ＮＨＫ俳壇」として一九九四年から放送されてきたものが、二〇〇五年に現在の「ＮＨＫ俳句」と改められたものですから、今ではすでに二十年もの歴史を持っているわけです。

ＮＨＫは公共放送として何に付けても大きな影響力をもっているため、この短歌や俳句のほかにも、日本の庶民レベルの広い意味での歌唱歌謡の発達普及にいろいろと貢献しています。その一つが現在「ＮＨＫのど自慢」と呼ばれている人気娯楽番組だと思います。

日本が連合国との戦いに敗れたのが一九四五年の八月で、まだ戦災の生々しい傷跡が至る所に残っていた翌年の一月に、早くもこの番組は始まったのです。それから六八年もの間、いろいろな面での変更があったり、人気の浮き沈みがあったにせよ、ともかくこんなにも長期間にわたって、毎日曜日の午後に素人相手の歌謡娯楽番組として、広く国民を楽しませた功績は大きいと思います。

この番組に出演したことがきっかけとなって、後に本格的な歌手として活躍した人の数も少なくありません。そのうえ海外に移り住んだ日本人の為に、カナダからブラジルに至るアメリカ大陸各地、そしてイギリスのロンドンまでこの番組は遠征し、アジアでは台湾、中国そして韓国も訪れています。

また現代の日本には珍しく外国物の模倣や焼き直しではない、まったく新鮮でいかにも日本らしい、日本発の「機械を使った」民衆的な娯楽音楽活動があります。それはカラオケです。すでに世界にひろく進出もしています。

　日本では昔から人が何かの会合で集まり飲食が一わたり済むと、誰かが立って興に任せて何かしらの歌を歌い始めることが普通でした。戦後一時期大流行した歌声喫茶のようなものを知っていた中年のサラリーマンなどは、新しく開発された電子機器を利用して、代わる代わるその場にふさわしい歌曲を、マイクで歌って会を盛り上げる新しい自己表現の場を、カラオケに見出したのでしょう。

　このカラオケは、住宅事情が悪いために、大声でしかも伴奏つきで歌うことなど、ほとんど不可能な日本の都会生活において、手軽な娯楽的音楽活動を可能にした素晴らしい発明だと私は思います。他者の歌や演奏を観客として鑑賞するだけでなく、自分も主体的に演奏者、独演者として参加できる点が、カラオケの重要なポイントだと思います。

　このように日本人は、文芸から歌舞音曲まで、上下相和し互いに楽しむことにかけては、きわめて創意工夫に富んだ国民だと言ってよいと思います。そして、この楽しみにおいては、原則として貴賤の区別はなく、融和的であることも、世界に珍しい特徴として付け加えておきたいと思います。

人生の楽しみ方のヒント

以上見てきたように、俳句や和歌、狂歌や川柳などをはじめとする多種多様な歌謡や言葉の芸術が、多くの日本人、それもあらゆる年齢職業のごく普通の人に、今日でもいまだ**日常的に愛され作られている**わけですが、それがこの本の趣旨とどう関係があるのでしょうか。

それはこれからますます未知のフロンティアがなくなるこの世界、つまり閉鎖社会としての性質を急速に強めて行かざるを得ない地球上で、人類が互いにいがみ合わず、仲良く平和に共存してゆくためのヒントの一つが実はここにあるからです。

人間という動物は、前にもちょっと触れたように他の生物とは違って、あらかじめ決められた本能に従って生きるのではなく、知能と経験（教育）によって生きる**定め**を持っているがために、限りなく新奇を求め、絶えず向上し拡大する生き方をせざるをえない厄介な動物です。この人間のもつ性向そのものは、それが生得的なものであるだけに、抑圧することも否定することも不可能だと私は思います。そうかと言って、仏教的な**煩悩の解脱**を一般化しようと試みることにも無理があります。ところが一方では、世界の自然環境にはこの人間だけが持つ、**自己中心的な我儘**、つまり自分さえよければ「あとは野となれ山となれ」の開発中心の生き方を、最《も》早《はや》受け入れる余地が時々刻々となくなっているのです。これは開発優先主義の信奉者と環境保護優先のエコロジストが必ずぶつかる悩みです。

そこで私は人類のもつこの発展ヴェクトルの方向を、これまでのように上方、そして外部に向けるのではなく、内側、そして下方へと**方向を逆転させること**を提案しているのです。もしこれが出来れば、いままで見過ごされ気づかれなかった、人類の持つ無限拡大を目指すエネルギーをかなり吸収することのできる、新しい広大な**未開拓の地平**が開けることになるからです。そして実はこれに関して、日本人はそれと自覚することなく、すでに鎖国時代の**何百年もの実績**を持っているのです。

ですからこれ以上人類の物理的な拡大拡張を許さない地球という閉鎖社会の中で、人類が互いに争わず共存して生き延びてゆくためには、いま述べたような、「特別の器具や高価な道具もいらず、むだな資源の浪費もなく、そして自然環境に過度な負担もかけない」、古くから日本人の得意とする数々の人生の楽しみ方を、世界に広く知らせる必要があると私はいま本気で考えるようになったのです。

様々な言葉芸術、言葉遊びが日本人の感性的な生き方をよく示している

日本にはこれまで説明したような純粋に言葉だけの和歌俳句といった言葉芸術と、言葉(語り)に少しだけ演者のジェスチャーが加わる落語、講談、詩吟、浪曲、そして音楽と一体になった古代ギリシャのコーラスを伴う演劇と同質のものとしての能があります。

私はこれらの専門家ではありませんので、全貌を網羅することはできませんし、それはあま

り意味もないので、日本人の言葉遊びがここまで浸透しているかという驚きの証拠を挙げることにとどめます。駄じゃれ、掛詞、回文、擬音語、擬態語などは非常に身近ですが、ここでは二つの例を挙げましょう。まさに日本人の感性の真骨頂ではないかと思われる言葉遊びです。
一つ目は、戦国時代に武田信玄が浜松の徳川家康に正月の挨拶として贈った歌にまつわるエピソードです。武田信玄はその前年、三方ヶ原で家康に大勝していたため、次のような歌を贈りました。

松枯れて竹たぐひなき旦《あした》かな

「松」は徳川（松平）を指しており、松（徳川）が枯れて竹（武田）が類なき正月を迎えていると皮肉ったのです。これに悔しがった徳川家臣団の一人、酒井忠次は機転を利かせて次のような歌に変えて贈り返したのでした。

松枯れで竹だくびなき旦かな

「枯れで」「竹だくびなき」と濁点の打ち方を変えるだけで、松平は枯れないで、武田の首は明日にはないと反対の意味にしたわけです。常在戦場にいた荒くれの戦国武将でさえ、このように豊かな言語的感性を兼ね備えていました。

もう一つの例は、数字を意味のある漢字のつながりで覚えるという言葉遊びです。私の知人だった茶目っ気のある国語学者の金田一春彦氏が、ハワイ大学で日本語の講義をされた時、黒板に書き切れないほどの長い円周率の数字を次から次へと書いたので、学生が皆驚いたが、何のことはない漢字仮名交じり文で円周率を覚えていたからだと話されたことがありました。

私なども中学校で平方根を覚えるとき、「ルート2は一夜《よ》一夜に人見頃、ルート3は人並みに奢《おご》れや、ルート5は富士山麓オウム鳴く」等と暗誦したことがあります。この話を娘にしたら、漫画に『六三四の剣』と言うのがあるよと教えてくれました。剣豪宮本武蔵にかけているのでしょう。最近完成した東京スカイツリーは、タワーの高さが634メートルで、これは（武蔵）と読め、武蔵の国にできた塔としてふさわしいということでした。また、長野県の碓氷峠の近くに、武蔵坊弁慶が作ったと伝えられる有名な歌碑があります。これは、「一つ家の碑」といって、義経弁慶主従が奥州へ下るときに漢数字のみで書いたといわれているものです。（この歌は伝承であるだけに、部分的に異なったものもあります）

八万三千八　三六九三三四七　一八二　四五十二四六　百《もも》四億四百《も》
「山道は　寒く寂しな、一つ家に　夜ごとに白く　百夜置く霜」

このように、漢数字だけを組み合わせて言葉遊びの歌を作るなど、日本人ならではと思います。

最後に現代のトイレから紹介しましょう。何とも品が悪くて恐縮な例ですが、こんなところにも言葉遊びを楽しむ日本人の感性が色濃く反映されているのです。

最近私が時々行くようになった東京渋谷の居酒屋の男性用トイレには、こんな戯れ歌が目の前の額に書かれています。

急ぐとき　心静かに　手をそえて　外へもらすな　松茸《まつたけ》の露

また、別の所でこんな歌も発見しました。

急ぐとも　西や東に　垂れかけな　皆見（南）る人が　汚（北）なかりける

これは東京杉並区永福町のあるお寺の手洗いで見つけたものですが、東西南北を巧みに読み込んでいます。ここまで遊び心が入り込んでいるかと、感心してしまいます。このような格調の高い（?）技巧的な落書きは、アメリカの公衆トイレなどでは絶対にお目にかかれません。

以上で述べたかったことは、楽しく生きるための知恵、お金をかけず他人を侵すこともなく穏やかに協調して生きていくための知恵が江戸時代には色々とあるということ、日本文化は、整然とした論理よりも感性を重んじていることです。身の回りの手近なものでいかに豊かに生きていくか、人間は有限なものであり、地球も有限なものとわかったのですから、外国と争いながら拡大上昇をこれ以上続けていくよりも、小さな消費エネルギーで豊かな時間を過ごすことがいかに人類にとって重要か、ということです。

注

1 私は江戸研究家の石川英輔氏の書かれた『大江戸リサイクル事情』をはじめとする一連の著作によって、実に様々な江戸の興味深い事情を教わりました。これらは講談社学術文庫で簡単に入手できるので是非読まれることをおすすめします。

2 二百五十年もの間、アフリカやアマゾンの原始林の奥深くに人知れず住んでいた未開の少数民族ならばいざ知らず、日本のようにその存在が「力こそ正義なり」を臆面もなく標榜した禿鷹国家、海賊国家群であったイギリス、フランス、ロシア、オランダ、スペイン、ポルトガルといった当時の強国によく知られていた、しかも彼らにとって様々な点で魅力ある国が、どうして彼らの毒牙にかけられずに済んだのでしょうか。この興味ある問題の詮索は、与えられた紙面を大きく超過することになるという理由で残念ながら省くことにします。

3 今や私たち人間の一人一人が自分たちの何でもない活動が、危険なほど地球の安定を脅かす段階に来ていることを認識する必要を、私が初めて説いたのは、地球原理ならぬ**地救原理**こそを、これからの人間の基本的な行動原理とすべきだとした『人にはどれだけの物が必要か』一九九四年、飛鳥新社、二〇一四年、新潮文庫においてです。

4 川村多実二『鳥の歌の科学』、一九四七年、臼井書房。これは中央公論社の自然選書で一九七四年に新装出版されました。

5 欧米には風鳴琴（wind harp, aeolian harp）すなわちウインド・チャイムがありますが、あまり一般的ではありません。

6 著名なフランス文学者の桑原武夫は、今から約七十年前、日本が大東亜戦争に敗退した直後の一九四六年に岩波の

『世界』十一月号で、俳句は果して芸術と称することが出来るのだろうかという疑問を、後に「俳句第二芸術論」として有名になった論文で発表しました。現代（当時）の俳句は本当の芸術としての要件を満たしていないとする、この桑原の主張をここで詳しく取上げて論じる余裕はありませんが、ただ一つだけ私の立場からの反論を述べておきます。それは大した教養もない町角のそば屋の主人や、病に伏しているごく普通の老人などが、何らの厳しい修練も積まずにちょこっと少し気の利いた言葉を並べたからと言って、それが芸術であるわけがないといったような桑原の俳句観は、まさにこれまで多くの日本のインテリに見られた、西欧社会での文芸を含むすべての人間活動のあり方を、人類の最高至善のものとして崇め、それと異なるあり方を示す日本独自の文芸や芸能を、下らない遅れたものとして切り捨てるという偏見の最たるものだと思います。私が本文で詳述したように、俳句は貴賤も職業も年齢性別も問わない、すべての人に開かれた、しかも誰もが鑑賞だけでなく自主的主体的に参加できる、何らの機材道具も特別の設備もいらない日常の言葉だけによる創作活動だという意味で、世界に例を見ない稀有の芸術活動なのです。当然その出来栄えにひどいばらつきがあり、芸術作品としては玉石混交ですが、これは他のすべての創作活動にも言えることで、このことをもって俳句という文芸の一ジャンルを芸術でないと切り捨てることは、木を見て森を見ない愚かなことだと思います。

第四章　今の美しい地球をどうしたら長期に安定して持続させられるか

前章において、小さな消費エネルギーでいかに豊かに人生を暮らすかの様々なヒントが江戸時代にあるとお話ししました。しかし、振り返って現在の私たち日本人の生活の実態を見据えなければ、地に足の着かない空想的な話に終わってしまうでしょう。そこでこの章では、現在の地球が全人類にとって文字通り鎖国化していることが事実である以上、「人が生きるためにはどれだけのものが本当に必要か」という問題を考えてみることにします。

食料を外国任せにしておいてよいのか

たとえば現代日本人の日常の食生活が、一体どんなものかを改めて見直してみると、これでは地球がおかしくなるのも無理もないと思うのは、決して私のような昔の質素な暮しを知っている年寄りだけではないと思います。いまでは米以外の殆どすべての食料が、はるか彼方の外国から船や飛行機で、膨大な燃料と輸送に要する各種の資材を使って運ばれてきているのです。

何しろこのところ日本の農畜産物の自給率は、先進国中最低の四割を下回る驚くべき低さなのです。

この問題はひとたび世界が騒乱状態になったときに、日本に必要な食料の安定確保の見地から安心できないという、安全保障の観点からは取り上げられることがありますが、私はむしろ、現代人の犯罪的とも称すべき、あまりにもなりふり構わぬエネルギーの浪費の問題という観点からも、なんとも恥ずかしいことだと思うのです。いまでは食品どころかただの飲み水までが、おいしいとか健康に良いなどの理由で容器に詰められて、はるばる外国から、それも飛行機で運ばれてきています。こんなことが当たり前であるような状況が豊さの印であるとは、どう考えてもおかしいと私は思うのです。

このような地球規模の物資のやり取りが必然的に撒き散らす各種の汚染と、燃料や梱包材の無駄、しかも長距離の輸送に耐えるようにと危険な防腐剤をまぶされた「新鮮な」果物、「人畜無害と称せられる安全な」農薬と化学肥料で育てられた、見た目はきれいで、実は不健康で危険な野菜や穀物がなければ一日も成り立たない生活が、豊かで文化的な、健康で望ましい生活と呼べるものなのでしょうか。

しかもこのような現代日本人の生活は、恐ろしい環境破壊と自然生態系の急速な破壊を伴っていることを忘れてはいけません。

そして今の日本では人々の過剰な要求に迎合して、食品の新鮮さや多様化を業者が保持しようとするために、流通段階での廃棄や返品が驚くほど多いのです。また家庭では安いからと言って買いすぎたり食べ残したりするのが当たり前になっています。このようなわけで今の日本では食べられるのに無駄に生ごみとして捨てられる食品が、年間五〇〇～八〇〇万トンにものぼっているといわれます。

ですから私は何をおいても、一部の人々がすでに提唱している「地産地消」、つまり出来るだけ遠隔地からの輸送に頼らない、地元で出来た、なるべく農薬を使わずに人手をかけて作った農水産物を、**無駄なく**消費するという、一昔ならば日本どころか、世界のどこでも実行していた生き方を少しでも取り戻すことを、改めて望ましい生活の目標とすべきだと思います。これは決して文化の後戻りではありません。行き過ぎた商業主義の弊害を少しでもなくそうと言っているだけです。それによって失った本当の健康な生活を、取り戻そうというだけのことです。

すべてが規格化されて一箇所で大規模に集約的に作られ、そうして出来た製品をできるだけ広く早く、理想としては世界のすみずみにまで普及させ、そしてその製品をなるべく**早く人々に棄てさせることで**資本の回収回転を早めることが、現代の工業製品すべての望ましいありかたとなっていますが、農業や畜産といった生物の命の分野までが、このような効率優先の工業化の論理にどんどんと支配されてゆく流れは、根本から見直しを迫られているのです。販売した製品が長持ちしすぎると、買い替えのスピードが遅くなるからと言って、わざと特定の部品が早く劣化するように仕組む、ビルト・イン・オブソレッセンス（計画的に組み込まれた劣化）のような考えは、まさに〈儲かりさえすればなんでもよい〉、〈あとは野となれ山となれ〉

の憎むべき思考の典型です。

仮想水の問題

すでに触れたように、日本以外の国々では農業や畜産の拡大のために、様々な弊害を承知の上で、時には大災害を誘発しかねない自然の大改造まで行って、必要な水の確保に躍起となっている時に、私たちの国日本では一体水問題はどうなっているのでしょうか。

日本はモンスーン地帯に位置していて、年間の平均降水量が一七一八ミリと世界平均の八八〇ミリの倍近くもありますから、先進国としては水には恵まれています。たしかに私たちの素朴な感覚としても、初夏から夏にかけての梅雨、秋口からの台風の襲来と雨の季節が続き、真夏に短期の渇水問題が起こることはあっても、概して日本は、水だけは恵まれた国だと思っている人は多いのではないでしょうか。

ところがどうしてどうして、日本は大変な水不足の国なのです。なぜかといえば、国内で日本人が必要とする食料を生産するための水は、現在では全体の三分の一ほどしか確保できておらず、後は海外からの輸入に頼っているのが実情なのです。ただし、この輸入される水は、タンクやペットボトルに詰められた形の水ではなく、牛肉や野菜果物、そしてトウモロコシや小麦などとして国内に入ってくるのです。

一体どうしてこれらの食品を外国から購入することが、水を輸入することになるのでしょうか。それは**仮想水**という考え方によるものです。そしてこの考えは水の問題を一国の国内問題としてではなく、**地球全体の水収支の問題**として捉えて初めて理解される考えなのです。

たとえば外国から小麦または小麦粉を日本が輸入するということは、もし日本で仮にその小麦を育てたとした場合に必要となる水を、実際にはよその国に肩代わりしてもらっていると考えられるからです。牛肉のようなものでも、現在牛は草だけでなく大量の飼料用穀物で育てられるものですから、外国から牛肉を輸入するということは、その国の水をも大量に買っていることになるわけなのです。仮想水とはこのような輸入国の人々の目には見えない水なので、英語で virtual（実質的、事実上の）water と名付けられたわけです。

今現在日本が輸入している仮想水は、事が事だけに厳密な計算は難しいのですが、大体年間一〇〇〇億トン前後と見積もられています。そして日本は世界中に工業製品を輸出していて、これの生産にも水は必要ですから、その分だけ外国に仮想水を輸出していることになります。しかし工業に要する水は、農畜産業の場合に比べれば遥かに少なく、約一三〇億トンとされていますから、差し引き八七〇億トン前後の仮想水を輸入していることになります。

国際化が進む時代では、日本は得意な工業製品を外国に輸出して、狭い国土では生産性を高めようもない農畜産物は、外国から買えばよいという国際分業論を唱える人がいますが、この考えは安全保障の問題だけでなく、外国の水資源の収支にも深く関わることになるという、思いがけない問題にも関係してくるのです。

日本は今述べたように、膨大な量の農畜産物を外国から輸入していますが、小麦に関して言えば全輸入量の五二％、大豆はなんと六〇％も米国からの輸入なのです。これに加えて、主に家畜の飼料や澱粉の原料としてのトウモロコシも、全輸入量の八九％を米国から輸入していま す。このような農産物の輸入は外国の水をも日本が仮想水として消費していることになると先に述べましたが、まさにこの点で日本は今あまり安心が出来ない状態に置かれているのです。

というのも肝心の米国の農業生産が、水不足のために日本をはじめとする諸外国の大規模な需要に応えられなくなる可能性が刻々と増大していることが、最近判明しています。

アメリカの主要な穀倉地帯は同国の中西部から南西部に続く八州（サウスダコタ、ネブラスカ、ワイオミング、コロラド、カンザス、オクラホマ、ニューメキシコ、テキサス）にまたがる、年間降水量が五〇〇ミリ以下というほとんど雨の降らない乾燥地帯のグレートプレーンズ（大平原）なのですが、この地域は古くからの全米有数の畜産地域でもあるのです。そしてここでの農牧畜業を支えている水資源は天水ではなく、地下にあるオガララ帯水層（Ogallala Aquifer）と呼ばれる、日本の全面積の一・二倍もある巨大な広さの貯留地下水（化石水）なのです。

これらが一九三〇年から一九六〇年にかけての揚水施設の電力化の改良強化などによる農地の拡大や農産物の増産で急激に水位が下がり始め、それが今世紀に入ってからは、このままではやがて枯渇するのではないかという恐れが表面化してきました。そこでカンザス州立大学の研究者たちが四年もかけて調査した結果、現在の使用量を大幅に削減しないと、二〇六〇年まではオガララ帯水層は殆ど干上がってしまうだろうという報告を発表したのです。

私が、日本はもっと国内で農産物を生産する体制を強化すべきだと主張し、同時に食物の無駄をあらゆる手立てを講じて防ぐ努力を、国を挙げて行うべきだというのも、以上のような世界規模での水不足による食料危機がついそこまで来ているからなのです。

食料や物資の浪費をやめ節約することが必要

このようなことをあれこれと考えると、すでに地球上に様々な形の異常現象を引き起こしている大気や海水温度の上昇、また偏西風の激しい蛇行や、世界中の高山での氷河の縮小後退、北極圏の氷山の急激な消滅といった世界規模での環境異変を、これ以上急激に加速させないために、何よりも使用エネルギーの節約、特に電気の無駄な使用を止めることと、食物を含むあらゆる物資の浪費を少しでも切り詰める努力が、絶対に必要なのです。

すでに取り上げた、日本の全食料品の約三分の一が、食品ロスとして利用されずに、様々な段階において廃棄されているなどということを、少しでも減らす社会的な努力が絶対に必要です。子供が茶碗にご飯粒をいくらか残したといって親に叱られることが、私たちが育った戦前の日本では普通だったのです。

したがってもはや人類の目指すべき目標は、更なる経済の成長でも、今いっそうの生活水準の向上でもなく、むしろ広げすぎた戦線を如何《いか》に**無理なく縮小するか**にあることを、今はっきりと直視できるかどうかが、いずれなどという悠長な話ではなく、すぐ目の前に迫っている近未来での人類の存亡を、そして地球の全生態系の運命をも左右する鍵となるのです。

そうは言っても私はすぐ今日から準備もなく、何がなんでもすべてをストップして、昔に戻れなどと言っている訳ではありません。それは迫り来る大混乱を避けようとしてその混乱を先取りすることになるだけで、少しも問題の解決にはならないからです。

ただ人類がこれまで長い間、良いことだ望ましいことだとその正当性を微塵も疑うことなく、まるで自然の摂理の一部でもあるかのように受け止めてきた、我々の生活の絶えざる右肩上がりの向上発展とは、実は**地球上にそれを許す余地があり、そして人口が少ない間はそれが可能だったのだが、もはやそれは出来ない**、ということをはっきりと認識すべき時がきたと言っているのです。

良いことだと長らく思ってやってきたことが、実は状況が変わったために、最早良いことではない、いや悪いことになってしまったと知っても、様々な事情で突然止めるわけにもいかず、不本意ながらも続けている場合と、相変わらず良いことだと頭から信じてどんどんやり続けるのとでは、結果に大変な差が出ます。それは良くないことだと自覚した場合は、何とかそれを止める方法はないか、出来るだけ弊害を少なくする方策は何かと模索することを、人は**よほどのバカでないかぎり**始めるものだからです。

九十三頁の注にも書きましたが、私は『人にはどれだけの物が必要か』（飛鳥新社、一九九四年、新潮文庫版、二〇一四年）の中で、この問題に関して**地救原理**という新しい考え方を、人類は生活のなかに導入することが絶対に必要だということを提案しました。それは簡単に言うと物事すべての良し悪し、善悪の基準を「**今の状態の地球を可能な限り長期に安定して存続させること**」に置く思想です。これまでは物事の良し悪しは、他人に迷惑をかけるかどうか、経済的に安上がりになるか、時間を節約できるかと言った、それこそ人間本位の、人間の都合だけを考えた基準で決められていました。

　しかしこのままでは地球の安定的存続が危ないことが分かった以上、現在進行している地球環境の破壊破滅を何としてでも回避し、地球の健全な存続を何よりも重要と考える行動基準が、地救原理なのです。

　しかしそうは言っても、人類が太古から持ち続けて来た成長願望が、もはや善ではなく悪となってきているということを、日々の暮らしに忙しく追われている人々に認めさせることは、並大抵のことではできません。とりわけ未だに豊かな生活を実現しておらず、恵まれた社会環境の恩恵に浴していない、いわゆる途上国の人々に分かってもらうことは大変です。

　これらの人々にとっては、自分たちを長年にわたって搾取し犠牲にすることで、いち早く富と福祉を手に入れた先進国が、今やっと豊かになる道を進みだした彼らに向かって、〈貴重な原始林を切り払って農地を拡大するのは止めろ〉、〈家畜を無制限に増やして土地の砂漠化を広げるな〉、〈絶滅に瀕しているチンパンジーやゴリラなどを、手に入れた銃器でブッシュ・ミートとして殺して食べるな〉等々のキャンペーンを行っても、「お前らにだけはそれを言われたくないよ」となるからです。

大気汚染と地球温暖化の主な原因である二酸化炭素の排出を、国際的に規制しようと、二〇〇一年に各国が集った京都議定書の作成会議に、中国やインドのような巨大な排出国が、今述べた理由で途上国なるが故に参加せず、他方世界最大の二酸化炭素排出国であるアメリカは、自国の経済水準維持がすべてに優先するという、相変わらずの自国本位の身勝手な考えゆえに不参加であるという現状を見ると、さすがの楽天家の私ですら、人類規模の経済戦線縮小は、具体的な運動のゴールとしては、視界の彼方にかすむ陽炎《かげろう》に見えることがあります[注1]。

しかし繰り返しますが現在の地球には、もはやこれ以上の開発や人口増を許す、あらゆる意味での余地、つまりフロンティアが地上のどこにもなくなってしまったのです。

そうかと言って一部の楽天家が夢想するような、科学技術が更に進歩すれば、いずれ地球外世界との交流が可能となり、これが狭隘となった地球の救いになるなどという、夢のまた夢でしかないたわけ話を私は全く信じません。我々人間がその中でたとえ嫌でも住み続けないわけにはいかない宇宙船地球号は、今まさにこれ以上の人類の発展拡大を許さない、文字通りの「**鎖国時代**」を迎えているからです。

そこで日本の出番だ

ところが外部との交流を絶たれた「鎖国の状態」にある地球で、人間がどのように生きることができるかの経験と知恵となると、なんと意外なことに私たちの日本には、先進国中掛け値なしの最大を誇れる豊富な蓄積があるのです。それは僅か百五十年前の一九世紀中葉まで、すでにその一部を取り上げたように、日本が二百五十年もの長期にわたって経験した江戸時代のことです。

鎖国ゆえに無駄で無意味な**対外戦争もなく**、また効率はよいが環境に悪影響をもたらす**化石系燃料**(ストック・エネルギー)などは一切使わずに、その時々の太陽エネルギーに由来する**再生可能なエネルギー**(フロー・エネルギー)のみで、三千万前後の人間が、この小さな日本の島でかなり**高度な文化的生活**を送った江戸時代は、これから地球規模の鎖国状態のなかで暮らすしかない人類が、学び参考とすべき知恵と経験の宝庫です。ですから江戸時代に日本人が経験した、言ってみればきわめて**ソフトな人間の生き方**を、人類のこれからの生き方の参考モデルとして世界に提示し積極的に広めること、これこそ日本がいま果すべき、そして日本人にもっとも適している国際的な役割なのです。同時に日本語を世界に広めることも重要な戦略です。第二章で述べたような人々の対立を解消する「タタミゼ効果」が十分に期待できるのですから。

振り返ってみると、日本人は歴史上これまで、次々と興亡するユーラシア大陸の大文明から、実に様々なことを学び吸収して、今では世界の人々から羨まれる素晴らしい平和な国を作り上げてきました。そのくせ大陸から攻撃や侵略を受けたことが、主として地政学的な理由で殆どありませんでした。したがって、これまでの日本人にとって外国とは、自分たちの存在を脅かす恐ろしく憎むべき存在というよりは、常にそこから何か優れたものを学び、新技術を取り入れ、真似する相手、つまり先生のようなものという肯定的な見方が強かったのも当然といえます。外国は日本にとって常に**地上のユートピア**であり続けてきたのです[注2]。

しかしこれからは違うのです。人類の目指すべき目標が発展から縮小へと大転換を迫られているとき、これまでのような外へ外への限りのない膨張拡大ではなく、地球の鎖国状態が必然として求める、人間の持つ発展向上の**ヴェクトルの方向を逆転させて、内に向ける**生き方を人類が否応なく選ぶことを迫られている今こそ、超大国の一つとなった日本は、これまでのもっぱら**外に学ぶ日本**から、積極的に**外に教える日本**へと、国家の性格を反転させる精神革命を起こすべきなのです。

この私の呼びかけに対して、日本が外国に教えるなど、思い上がりもいいところだなどと反対の声をあげる向きも当然あると思いますが、もし教えるという言葉が嫌ならば、**お返しをする**と言い換えれば良いのです。元来義理堅い日本人が、これまで千数百年にもわたって諸外国から受けたさまざまな文化文明上の恩恵を、いよいよお返しする時が来たのだと考えれば、むしろ日本からの返礼は遅きに失するくらいなのです。

確かに戦後の日本はすでに巨額のＯＤＡ援助を長年多くの国に行い、国連における分担金や拠出金はアメリカ以外のすべての常任理事国の合計よりも、常任理事国でもない日本一国のほうが多いというほど、金銭面での貢献を行なってきました。

しかし宗教や社会の仕組みが日本とは違う国や地域では、金銭の援助や拠出に対しては、日本人が期待するほどの手応えが得られないことがしばしばでした。

古いところでは、日本が一九七八年に国連安保理の非常任理事国に立候補した時、外務省は票数の多いアフリカ諸国には莫大な援助をしてあるから当選は固いという見通しでしたが、いざ蓋をあけてみると、票はバングラデシュに流れて日本は落選でした。同じようなことは日本が二〇〇五年に国連創設六十年を期して、今度は念願の常任理事国入りを果たそうと、インド、ブラジルそしてドイツの三ヶ国と組んで、常任理事会の拡大を求める改革案を提出しようとしましたが、結局は多額の日本のODA援助を受け取っていたアフリカ諸国がまとまらず、四ヶ国が出すはずだった拡大決議案は採決を断念せざるをえなくなってしまったのです。

それは金品の贈与返礼についての考え方が、世界どこでも同じとは限らないからなのです。たとえばイスラーム教の地域での金銭や物質的援助は、与える側が自分の霊魂の救済のために行うものと解釈されますから、感謝やお礼は援助を貰った側でなく、それを与える側、つまり貰ってもらった方が表明すべきものとされているのです。このようなわけですから、これからは経済援助以外の、精神的領域での「援助」や「助言」も、大国となった日本にとっては大切なのです。

そして広く世界の歴史を見れば、経済的な直接援助よりも、人間如何に生きるべきかについての優れた理念、明るい未来を予感させる魅力的なイデオロギーの提示が、多くの国の人々を奮い立たせ、人々の生き方を変えてきた事例がたくさんあります。アメリカ合衆国独立の際の民主主義、フランス革命の自由、平等、友愛、そしてロシア革命における共産主義など、みな一国一民族を超えた普遍的な原理として、世界に多大の影響を与えました。ところがなんとこのように歴史を振り返ってみると、日本もかつてはこの人類の目指すべき普遍的な原理の表明を、世界に対してちゃんと行っていたことに気づくのです。

注

1 アメリカのオバマ政権が打ち出している気候変動問題対策が、経済界の厳しい批判にさらされていると報じられています。企業活動の足かせになりかねないという懸念が強まっているためです。（「産経新聞」二〇一四年五月一五日）

2 私は日本人が外国人に対してみせる独特のよそよそしい態度は、外国人を嫌悪し積極的に排除攻撃するという悪意にもとづく気持ち（xenophobia）からのものではなく、外国人にどう対処したらよいかが分からないことから来る一種の戸惑い、心理的な不安から逃れたいという消極的な自己防衛反応で、これは外国人忌避症（xenophygia）とでも称すべきものだと思います（この点については私の論文 Mirage Eeffect and Xenophygia 参照。これは『鈴木孝夫　言語文化学ノート』一九九八年、大修館書店、および鈴木孝夫『あなたは英語で戦えますか』二〇一一年、冨山房インターナショナルに日本語訳付で収録してあります）。

第五章　自虐的な自国史観からの脱却が必要

日本人が世界に対して行ったマニフェスト

若い世代の方たちはほとんど知らないかもしれませんが、今から述べるように実は日本も過去において、世界の流れを大きく変えることに結果として貢献した、すべての人類を視野におく普遍的理念の表明を、二度も行なったことがあるのです。

その最初は、今からちょうど百年ほど前の、第一次世界大戦（一九一四－一八年）終了後に開かれた国際連盟、つまり現在の国際連合の前身の設立委員会において、日本は世界の歴史上初めて、あらゆる**人種差別の撤廃を求める人種平等案の採択**を強硬に主張したことです。

この日本の提案は当時欧米各国が自国内および植民地で実行していた、長い伝統をもつ社会制度としての人種の差別に抵触したために、残念ながらアメリカ、イギリスそしてフランスの反対によって採択されませんでした。当時イギリスはまだ悪名高いアパルトヘイト（人種隔離政策）を南アフリカ植民地で、そしてオーストラリアでは有色人種の定住を認めない白豪主義を実施しており、アメリカでは事実上の様々な黒人差別が特に中南部では普通で、フランスの植民地も全く同様でした。

　しかしこの日本が行った提案が、その後のアジア・アフリカにおける欧米諸国の植民地での、白人の暴虐横暴に反抗して立ちあがった独立機運の高まりに、大いに寄与したことは否定できない事実なのです。というのもその明らかな影響が、次に述べるような大東亜戦争終結直後に全世界規模で起こった、欧米植民地での**独立ラッシュ**にはっきりと見ることができたからです。

　前世紀の半ばに日本が国運をかけて戦った**大東亜戦争**（アメリカ側の呼称は太平洋戦争）は日本が連合国側に大敗したため、肝心の日本人からも未だに愚かで無意味な戦争だったと批判されることが多いのですが、私たちはこの戦争をどう評価するかの態度を決める前に、解釈とか意見の問題以前の、この戦争によって世界の様相が客観的な**事実として具体的にどう変わったか**を、何よりも先ず知らなければなりません。よく耳にするこの戦争に対する批判的な議論は、そのほとんどがあの戦争前後の世界の状態に関する事実を、殆どか、あるいは全く知らない人々によってなされることが多いからです。

　私の言う事実とは、日本がこの戦争を起こす前は、あの広大なアフリカ大陸には厳密な意味での**有色人種の独立国**は、驚くなかれただエチオピア一国のみで、そのほかはすべて十指にも満たない欧米諸国の植民地だったということです。その欧米の国々とはイギリス、フランス、ベルギー、イタリア、スペイン、そしてポルトガルです。[注1]

　また広義のアジア大陸はと言えば、現在は独立国が四十六もありますが、当時いわゆる白人国ではない独立国は、日本を除くと中華民国、満州国、シャム（タイ）、ブータン、ネパール、アフガニスタン、ペルシャ（イラン）、イラク、モンゴル、そしてトルコの僅か十しかなかったのです。

ところが日本は、大東亜戦争の予期しなかった戦線の拡大につれて、開戦の主な理由であった自存自衛、つまり国の存続を守るための自衛の戦争に加えて、その戦争目的のうちに、**白人国家による有色人種の植民地支配を終わらせる**ことも含めることに決定し、このことを東京で開催された大東亜会議の席上、広く世界に向かって宣言したのです。このことが私のいう、日本が世界に向かって普遍的な理念を表明した二つ目となります。

この会議は、日本によって解放されたアジア地域の六つの国や地域の代表を東京に呼び集めて、一九四三年十一月五－六日、東条英機首相を議長として開かれたものです。

呼びかけに応じて参加した国あるいは地域の代表は、満州国（張景恵総理）、日本の占領地区の中華民国（汪精衛行政院長）、フィリピン（ホセ・ラウレル大統領）、タイ（ワンワイタヤコーン殿下）、インド（チャンドラ・ボース自由インド仮政府首班）、ビルマ（バー・モウ首相）でした。インドネシアとマレーシアは日本によってすでに解放されてはいましたが、海軍が日本外務省の意に反して、将来の石油燃料補給基地の確保という理由で、この段階では独立を認めたくなかったため、会議に代表は呼ばれませんでした。

そしてまさにこの戦争が日本の敗戦に終った直後から、アジア、アフリカそしてオセアニアでは、植民地の**独立ラッシュ**が起こったのです。その結果として、それまでたった一つしか独立国のなかったアフリカ大陸になんと**五十四もの国**が生まれ、アジアではインド、スリランカ（セイロン）、パキスタン、ミャンマー（ビルマ）、マレーシア、インドネシア、そしてフィリピンなど四十六ヶ国、またオセアニアでは早くから白人国となっていたオーストラリアとニュージーランド以外に、十二もの新しい有色人種の独立国が誕生したのです。

　このように合計百十二もの非白人種の独立国が、第二次世界大戦〔これは大東亜戦争もその一部に含めた二〇世紀中葉（一九三九－四五）に全世界を巻き込んだ大戦争のヨーロッパでの呼称〕の余波として生まれたということは、日本がかつて国際連盟設立の際に主張した「あらゆる人種の平等と差別の撤廃という理念」が、大東亜会議の席上であらためて表明されたことを経て、直接間接の結果として、広く現実化したと言えるのです。

　なぜそのようなことが言えるのか。その重要な理由は、第一に西洋諸国がアジア地域における自分たちの植民地の大戦後に起こった、このような独立の動きを**進んで認めたわけではない**ということです。この戦争において有色人種である**日本人が示した強さと、植民地解放に対する熱意を、現地の人々が目の当たりにしたために**、西欧諸国は日本に対しての武力戦争では勝ったものの、かつて彼らヨーロパ人が現地民に対して持っていた**絶対的な権威**はすっかり地に落ちてしまい、後で引用する多くの人々の証言にもあるように、もはやどうにも押さえが利かなくなったからなのです。[注2]

西欧諸国はなんとしても、植民地を手放したくなかった

このことは私の意見でも私流の勝手な歴史の解釈でもなく、次のような客観的事実から明白に裏づけられます。それは欧米の旧宗主国はいずれの国も、大東亜戦争（第二次世界大戦）後に起こった彼らの植民地での独立要求を、武力によってこれまでのように押さえつけようと直ちに軍事行動に出たからです。

たとえばオランダはインドネシア地域（旧称東インド）を、一七世紀初頭から三百五十年間も植民地として支配してきましたが、日本によって解放されたこの地域を、日本の降伏後再びもとの植民地状態に戻すため、直ちに軍隊を送り込みました。そして独立のために立ち上がったインドネシア解放軍は、自らの意思で進んで**現地に残った二千名もの旧日本兵たちの指導支援**を受けながら、オランダ軍と約五年近くも戦い、八十万近いインドネシア人犠牲者がでたのです。この旧日本兵たちは、敗戦後に様々な理由で祖国日本への帰国を諦め、インドネシアの独立を支援した人たちです。

そしてもはや再植民地化は不可能と分かった段階で、渋々停戦に応じたオランダは、なんと三百五十年もの長きにわたる植民地支配に対して、謝罪して賠償金を払うどころか、逆に植民地時代に投資した各種インフラの代金を、当時のお金で六十億ドルもインドネシアに請求したのです。

同じようなことはインドシナ半島のフランス植民地だったベトナムでも起こりました。戦時中日本の介入によってベトナムを追われたフランスは、日本の敗戦後直ちに軍隊を送ってベトナムの再植民地化を図ったのですが、独立を求めて立ち上がったホー・チ・ミンの軍隊と各地で激戦を繰り返し、ついに名将ボー・グェン・ザップ将軍率いるベトナム軍によって、要衝ディエンビエンフーでフランス側が大敗を喫した結果、やっと再植民地化を諦めて撤退したのです。

このベトナム独立の時もインドネシアの場合と同じく、旧日本軍の将校や兵隊が数百名も現地に残留して、近代的な兵器もなく、またその扱いも知らないベトナム人たちに、武器を提供したうえで戦争の仕方を教える学校まで作っているのです。[注3]

ところが、戦後ベトナムを訪れたフランスのミッテラン首相（当時）は、オランダの場合と同じで、ただの一言も植民地支配に対する謝罪の問題には触れず、今後の経済協力の話だけをして帰ってしまいました。

同じフランスが植民地ではなく、なんと大部分を海外県という国内扱いにしていた、アフリカ北部のアルジェリアに起こった独立運動の際は、一九五四年から六二年まで続いたフランスとの激しい戦闘で、双方で死者百万人以上が出たといわれる大変な事態になりました。そこで遂にフランスはアルジェリアの独立を認めるかどうかの国内の意見の対立で、一時殆ど内乱寸前の混乱状態に陥ったぐらいでした。最終的にはド・ゴール大統領の英断で独立を認めることでようやく決着がついたのでした。

ところで世界中に植民地を持っていたイギリスの場合はどうだったのでしょうか。さすが紳士の国だけあってフランスやオランダなどとは違い、流血の惨事を起こすことなく植民地の独立問題をスマートに処理したといった話を聞いたことがありますが、これは全く事実ではありません。このような日本の知識人が明治以来イギリス人について抱いてきた幻想的先入観に基づく発言が一番困るのです。

イギリス人が戦争において紳士的であったかどうかの点については、京都大学の西洋史研究家であった会田雄次が、大東亜戦争で一兵卒としてビルマで終戦を迎え、英国軍の捕虜収容所に入れられたときの体験談が、名著『アーロン収容所』（中公新書）に詳しく述べられています。この本はいまでも簡単に手に入るので、まだ読んでおられない方は、この際ぜひ一読をおすすめします。

イギリスが最大の植民地であったインド（当時は現在のパキスタン、バングラデシュ、そしてスリランカ〈セイロン島〉までインドに含まれていました）の独立に際してとった対応については戦時中の日本がインドの独立にどう関わり、どんな支援をしていたかを、ごく簡単にでも知っておく必要があります。

マレーシアで日本に降伏した英印軍約二万人は、以前から日本に亡命していたインド独立連盟の会長であったビハリ・ボース（英国政府の追及を逃れて東京新宿にある、現在はインドカレーで知られている中村屋の当主相馬愛蔵に匿われていた）と、日本軍の諜報機関であるＦ機関（のちに岩畔《いわくろ》機関に合流合併）の説得に応じて、インド国民軍として再編成されました。

このような動きを知った、当時インドの独立を英国から戦い取るために、はるばるドイツにおいて英語の放送で世界に訴えかけていたインド独立運動の志士チャンドラ・ボースは、活動の拠点をすぐさま日本占領下のシンガポールに移すことに決めて、ドイツを脱出する壮大な計画を立てました。それはドイツの潜水艦Uボートでアフリカ沖まで南下し、連合軍の監視の目をくぐって、マダガスカル島沖で待ち受けている日本の潜水艦に乗り換えるという無謀きわまりない計画でした。しかし両国の潜水艦は約束の場所と時間にピタリと出会い、ボースは無事にシンガポールに到着したのです。

インド人の間ですでに国民的な人気のあったこのチャンドラ・ボースは、それまで日本の庇護の下にインド独立運動を続けてきた先輩格のビハリ・ボースの協力を得て、自由インド臨時政府の代表となり、その時点ですでに五万近くの大勢力となっていたインド国民軍を、いよいよ本格的なインド進攻に向かわせることになったのです。

チャンドラ・ボースは独立運動の大先輩のマハトマ・ガンジーの唱える理想主義的な非暴力非服従の闘争では、絶対にイギリスからの独立を手に入れることはできないという徹底した現実主義者でしたから、ガンジーとはいち早く袂を分かち、日本の意図がなんであれ、当面はイギリスと戦っている日本軍という強力な後ろ盾を利用するしか、インドの独立を手に入れる道はないと考えていたのです。

このようないきさつがあったものですから、日本が降伏するとイギリスは直ちに、一時日本によって脅かされたインドにおける支配権を再強化するために、主にベンガル兵からなるインド国民軍を、国家反逆罪で厳罰に処するための裁判を始めました。

ところがこのイギリスのとった処置に対する反対と怒りの声が次々とインド各地で起こり、それが大変な全国規模の反英デモに発展して、遂に二万人もの死者が出る有様となって収拾がつかなくなり、ようやくイギリスは日本の敗戦からちょうど二年後の一九四七年八月に、インドとパキスタンに分かれての独立を認めざるを得ない立場に追い込まれたのです。

インドは東南アジア地域とは違って、日本との関係が古代仏教発祥の地という以外に、近世においては殆ど直接の交流もなかったため、今でもインドが念願の、英国からの独立をかちとることができたのには、日本が大きく関わっていたからだということを知っている日本人は、残念ながらあまり多くありません。[注4]

このように日本の敗戦後、約二十年の間、まるで連鎖反応のように次々と世界各地の欧米植民地で起こった独立への動きは、アメリカがすでに以前から独立を約束していたフィリピン以外は、どこでも皆強力な現地民の突き上げを旧宗主国側がもはや押さえ込むことが出来なかったためと言えるのです。

インドの二代目の大統領だったラダクリシュナン氏は、日本軍の航空機がマレー沖の海戦で大英帝国の誇る東洋艦隊の旗艦プリンス・オブ・ウェールズと戦艦レパルスを、いとも簡単に撃沈したことを知った時、「インドでは当時、イギリスの不沈戦艦を沈めるなどということは想像もできなかった。それを我々と同じ**東洋人である日本人**が見事に撃沈した。驚きもしたが、この快挙によって**東洋人でもやれる**という気持ちが起きた」と述べています。

ところで戦後になって、日本を連合国が裁いた極東軍事裁判でインドのパル判事が、この裁判は事後法によって日本を裁くという、文明国の裁判としてはあってはならない不正なものであるという理由で、ただ一人日本の無罪を主張したということが、いまでも広く伝わっていますが、私はこれが間違いであることを最近教えられました。パル判事一人だけではなかったのです。それは戦争の当事国フランス代表のベルナール判事も日本の無罪を一貫して主張したが、なぜかこのことはその後日本ではほとんど問題にされなかったというのです。この点に関する詳しいことは大岡優一郎『東京裁判　フランス人判事の無罪論』（二〇一二年、文春新書）をご覧ください。

とにかく国際法上の根拠もまったくない、このただただ復讐の念にかられた勝者が敗者を勝手に裁いた極東軍事裁判なる「**茶番劇**」の結果に、A級戦犯がどうの、靖国神社に首相が参拝するのはよくないなど、いつまでも自ら進んで拘束されたがる日本の進歩的文化人や良心的平和主義者の、付和雷同的な空騒ぎには本当に腹が立ちます。なんで自分の国がそんなに憎くてたまらないのでしょうか、私にはまったく理解できません。

軍国日本の存在が、アジア解放のためには絶対不可欠の必要悪だった

日本の敗戦後に、欧米の植民地が雪崩を打って独立した一大地殻変動の様を今から眺めると、かつて日露戦争で日本が有色人種国として初めて、ヨーロッパ最大といわれた陸海軍を持つ大国ロシアに辛くも勝利し、次いで大東亜戦争の緒戦の目覚ましい活躍によって、驚天動地の強さを見せたことが、いかに歴史的なインパクトであったかが分かります。少し例をあげれば、ハワイ真珠湾の奇襲攻撃による大戦果に次いで、すでにふれたマレー沖海戦で大英帝国の誇る戦艦プリンス・オブ・ウェールズを旗艦とする東洋艦隊を、それまで航空機の攻撃では戦艦を撃沈することはできないという世界の常識を破って、日本軍の雷撃機と攻撃機が爆弾と魚雷で沈没させたこと、そしてこれも大英帝国の東洋制覇の要《かなめ》で難攻不落といわれたシンガポール要塞を、極めて短時日で攻略したことなどです。

このように日本が、過去何百年の長きにわたって植民地化された有色人種の間に固く根を下ろしていた《白人の強さに対する絶対的な信仰》を根底から覆した結果、世界各地での**西欧諸国による再植民地化を阻む道が整った**のです。この近代日本の示した強さが、西欧諸国をまさにグレアム・グリーンの書いた『落ちた偶像』にしてしまったのだと言えましょう[注5]。

このこと一つを見ても日本が起こした大東亜戦争が、今でも多くの日本国民が偏向した学校の教科書などで習う、どこから見ても弁護の余地のない、たちの悪い恥ずべき侵略戦争であるどころか、大航海時代以後西欧諸国主導の近代世界を覆っていた四百年以上にもわたる非人道的で歪んだ状況を、本来のあるべき正しい姿に戻すことに大きく貢献した、それなりの評価に値する被抑圧民族解放戦争の面が十分にあったと言うべきなのです。

さらに言えば、その後のオーストラリアでの白豪主義の撤廃（一九七〇年代以降）や南アのアパルトヘイト廃止（一九九一年）も、日本の起こした戦争の世界的な影響がなければ、もっと遅れていたことは確実だと思います。そこでこのような私の考えを裏付ける発言を、次にいくつか紹介しましょう。

東南アジアの指導者たちの証言

最初に掲げるのはあまり知られていませんが、大東亜戦争後三十年経った一九七五年に、タイの首相となられたククリット・プラモート氏が「十二月八日」と題して書かれた文章です。[注6]

日本のおかげで、アジア諸国はすべて独立した。日本というお母さんは、難産して母体をそこなったが、生まれた子供はすくすくと育っている。今日、東南アジアの諸国民が、米・英と対等に話ができるのは、いったい誰のおかげであるのか。それは身を殺して仁をなした日本というお母さんがあったためである。十二月八日は、われわれにこの重大な思想を示してくれたお母さんが、一身を賭して重大な決心をされた日である。われわれはこの日を忘れてはならない。

そしてこのタイの首相と全く同じことを、すでに登場願ったインドの第二代大統領のラダク

リシュナン氏も次のように話されています。[注7]

インドが今日独立できたのは日本のお蔭であり、それはひとりインドだけでなく、ベトナムであれ、カンボジアであれ、インドネシアであれ、旧植民地であったアジア諸国は、日本人が払った大きな犠牲によって、独立できたのである。
我々アジアの民は一九四一年十二月八日をアジア解放の記念日として記憶すべきであり、日本に対する感謝の心を忘れてはならない。

また大東亜戦争後に英国からの独立をようやくかちとったミャンマー（当時のビルマ）初の首相バー・モウは、その著『ビルマの夜明け』の中で、次のように述べています。

歴史的に見るならば、日本ほどアジアを白人支配から離脱させることに貢献した国はない。しかしまたその解放を助けたり、あるいは多くの事柄に対して範を示してやったりした諸国民そのものから日本ほど誤解を受けている国はない。

アジア問題に詳しい作家の深田祐介は、彼の歴史的な名著『黎明の世紀——大東亜会議とその主役たち』（文藝春秋、一九九一年、同文庫一九九四年）[注8]の最後で、このバー・モウの語った意味深長な言葉を引用した後、次のような含蓄のある素晴らしい文章でこの本を静かに終えています。

この誤解している諸国民の中に「日本国民」自身も含まれているところに、戦後日本の悲劇がある、といえそうである。

またイギリスから独立したころはまだ若かったマレーシアの親日家で、後に二十二年もの長期にわたって首相を務めたマハティール・ビン・モハマド氏は、マレーシアの近代化を旧宗主国のイギリスではなく、アジアの日本（と韓国）に範を求めるルック・イースト（Look East!）政策を実行して成功した政治家として有名ですが、氏は次のようにいっています。[注9]

〝**もし日本なかりせば**〟世界は全く違う様相を呈していただろう。富める北側はますます富み、貧しい南側はますます貧しくなっていたといっても過言ではない。北側のヨーロッパは、**永遠に世界を支配したことだろう**。（太字鈴木）

また村山富市首相と土井たか子衆議院議長（いずれも当時）が一九九四年にマレーシアを訪れた際には、謝罪外交を続ける両氏に対して、「日本が五十年前に起きたことを謝り続けるのは理解できない。過去のことは教訓とすべきだが、将来に向かって進むべきだ」と諭しました。

ところで戦争中、日本軍がアジア各地で非人道的な残虐行為を行ったといわれていることを、今でも心から恥ずかしく思っている若い日本人が沢山いることを、私は知っています。なかでもシンガポール占領直後に日本軍が行ったといわれる非戦闘員の華僑を大量粛清したことと、マレーシアで日本兵が「赤ん坊を空に放り上げて、落ちてくるところを銃剣で突き刺した」という話などは、多くの日本人にアジアに対して顔向けが出来ないという罪悪感を抱かせる話です。

しかしこのような話が果して真実か、それとも実は根拠のない作り話なのかを巡って私たち日本人同士があれこれ議論するより、当時現場にいた地元のマレーシアの人の話をちょっと聴いてみることのほうが、何よりも大切だと私は思います。

そこでマレーシア生まれのラジャー・ダト・ノンチック氏の発言を、ここに紹介しましょう。このノンチック氏はマラヤ南方特別留学生として来日し、陸軍士官学校で学び、大東亜戦争後、マレーシアの知事、下院議員、上院議員を歴任。またASEANの結成を支援するため、日本留学の経験者たちとASCOJA《アスコジャ》（アセアン日本留学生評議会）を結成し、会長になったという経歴の持ち主です。[注10]

先日、この国に来られた日本のある学校の教師は、「日本軍はマレー人を虐殺したにちがいない。その事実を調べに来たのだ」と言っていました。私は驚きました。「日本軍はマレー人を一人も殺していません」と私は答えてやりました。日本軍が殺したのは、戦闘で戦った英軍や、その英軍に協力した**中国系の抗日ゲリラ**だけでした。そして、日本の将兵も血を流しました。

どうしてこのように今の日本人は、自分たちの父や兄たちが遺した正しい遺産を見ようとしないで、悪いことばかりしていたような先入観をもつようになってしまったのでしょう。これは本当に残念なことです。

私たちアジアの多くの国は、日本があの大東亜戦争を戦ってくれたから独立できたのです。日本軍は、永い間アジア各国を植民地として支配していた西欧の勢力を追い払い、とても白人には勝てないとあきらめていたアジアの民族に、驚異の感動と自信とを与えてくれました。永い間眠っていた〝自分たちの祖国を自分たちの国にしよう〟というこころを目醒めさせてくれたのです。

私もあの時にマラヤの一少年として、アジア民族の戦勝に興奮し、日本人から教育と訓練を受けた一人です。私は、**今の日本人にアジアへの心が失われつつあるのを残念に思っています**。これからもアジアは、日本を兄貴分として共に協力しながら発展してゆかねばならないのです。ですから**今の若い日本人たちに、本当のアジアの歴史の事実を知ってもらいたい**と思っているのです。（太宇鈴木）

アジアだけでなく、遠くアフリカ大陸のエジプトでも、日本の戦争に敬意を払っている政治家がいます。エジプト出身のブトロス・ガリ氏（元・国連事務総長）です。

一九九四（平成六）年九月十日の日本経済新聞は、特集「国連と日本　改革のハードル」の記事で、ガリ国連事務総長と東郷神社の写真をかかげ、そこに「ガリ事務総長は来日の度に東郷神社を訪れる」と説明をつけています。同氏は、たとえ忙しい来日日程であっても、原宿にある東郷神社の参拝だけは「外さないでほしい」と事務方に注文をつけるというのです。子供の頃、英国占領下のエジプトで暮らした同氏は、大国ロシアを打ち負かしたアジアの小国日本に「心揺さぶられた記憶は今でも鮮明だ」といいます。同氏が、子供心にどれほど勇気づけられたかは、想像に難くありません。参拝の折には、日本式にかしわ手を打ち拝礼するのを、来日時に欠かしたことはないそうです。

これは、日露戦争で日本が勝利したことが、いかに当時全世界を覆っていた西欧諸国の何百年にもわたる独占的な支配構造を揺るがすきっかけになったかの証左です。のちにエジプトは独立国となり、そのエジプト人のガリ氏がまさに国連の最高職についているということが何よりの証拠なのです。

欧米の知識人や政治家も評価している

アジアの人々が日本の起こした戦争をどう思っているのかの問題を、私があれこれと調べているうちに、驚いたことに日本と戦った**欧米人の間にも**、大東亜戦争が〈アジア諸国民を白人の支配から解放するという大きな役目を果したこと〉を評価する人々が、それも責任ある立派な人々がいることを知ったのです。

その第一はすでに戦前の日本において、歴史家として高い評価を受けていたアーノルド・J・トインビーが、大東亜戦争後の一九五六年十月二十八日に、英国のオブザーバー紙に寄稿した次の文章です。

第二次大戦において、日本人は日本のためというよりも、むしろ戦争によって利益を得た国々のために、偉大なる歴史を残したと言わねばならない。その国々とは、日本の掲げた短命な理想であった大東亜共栄圏に含まれていた国々である。日本人が歴史上に残した業績の意義は、西洋人以外の人類の面前において、アジアとアフリカを支配してきた西洋人が、過去二百年の間に考えられていたような、**不敗の半神**でないことを明らかに示した点にある。（太字鈴木）

トインビーが言う大東亜共栄圏に含まれていた国々とは、まえにも述べたようにインド、ビルマ、タイ、マレーシア、インドネシア、フィリピン、ベトナム、そして満州国と日本の占領下にあった中華民国北部などを指します。そしてこのトインビーの指摘は、私が先に、日本がそれこそ驚天動地の強さをアジア、アフリカの人々の面前で白人たちに対して見せたことが、白人たちをまさに《落ちた偶像》にしたのだと述べたことと完全に一致します。長期にわたる継戦能力のなかった日本の勝利は、線香花火の輝きにも似て長続きこそしませんでしたが、アジア・アフリカの人々の心に、自分たち有色人種にもやれるのだという希望の火を灯すには十分だったのです。

またトインビーは、一九六八年三月二十二日の毎日新聞で、さらに次のようにも述べています。

英国最新最良の戦艦二隻が日本空軍によって撃沈されたことは、特別にセンセーションをまき起こす出来事であった。それはまた永続的な重要性を持つ出来事でもあった。なぜなら、一八四〇年のアヘン戦争以来、東アジアにおける英国の力は、この地域における西洋全体の支配を象徴していたからである。一九四一年、日本はすべての非西洋国民に対し、西洋は無敵でない事を決定的に示した。この啓示がアジア人の士気に及ぼした恒久的な影響は、一九六七年のベトナムに明らかである。

このように日本が起こした戦争の世界史的な意義を認めたのは、トインビーだけではありません。

滞日五十年以上になる英国人新聞記者のヘンリー・S・ストークス氏も全く同意見です。私は同氏にお目にかかったことはなく、氏の書かれた祥伝社新書『英国人記者が見た連合国戦勝史観の虚妄』と『なぜアメリカは、対日戦争を仕掛けたのか』（加瀬英明氏と共著）の二冊を読んだだけですが、氏は大東亜戦争後の日本の知識人の多くが、この戦争に対しては否定・自虐的な見方、評価しかしないことに対して、どうして日本人は相手であった連合国の主張に迎合するばかりで、自分たちから見た大東亜戦争のもつ、人類史的な観点からの意義と成果を主張しないのかと、訝《いぶか》っておられるからです。

私がストークス氏を高く評価する理由は、二つあります。一つは同氏が戦後にオックスフォード大学を出られたあと、英国の『フィナンシャル・タイムズ』の東京支局の初代支局長として、丁度東京オリンピックが開催された一九六四年に来日されて以来、五十年の長きにわたって、最高に権威のある『ザ・タイムズ』や『ニューヨーク・タイムズ』の東京支局長なども務められながら、日本と日本人を観察されてこられたことにあります。

第二の点として、ストークス氏は日本に来られる前は、幼少の頃から**日本人は野蛮で残酷な民族であると**さんざん聞かされて育ったこと、そして当時のイギリスでは**日本のせいでアジアの植民地すべてを失ったため、日本に対する憎悪の感情が消えるどころか、強まるばかりだったのです**。そこで当然ストークス氏もごく自然に、日本を憎む気持ちを持たれて来日されたという事実があります。

次に同氏の考えの一部を引用します。[注11]

「白人の植民地」を侵した日本の罪

日本がアジア植民地を侵略したのは、悪いことだったろうか。侵略が悪いことなら、世界史で、アジア、アフリカ、オーストラリア、北米、南米を侵略してきたのは、西洋諸国だ。しかし、今日まで、西洋諸国がそうした侵略を謝罪したことはない。

どうして、日本だけが欧米の植民地を侵略したことを、謝罪しなければならないのか。東京裁判では、「世界で侵略戦争をしたのは、どちらだったか」ということには目を瞑《つむ》って、日本を裁いた。

それは侵略戦争が悪いからではなく、「有色人種が、白人様の領地を侵略した」からだった。白人が有色人種を侵略するのは『文明化《シビライゼーション》』で、劣っている有色人種が白人を侵略するのは『犯罪《クライム》』であり、神の意向《ゴッズ・ウィル》に逆らう『罪《シン》』であると、正当化《ジャスティファイ》した。

日本には「喧嘩両成敗《けんかりょうせいばい》」という便利な考え方もあって柔軟だが、欧米人はディベート思考で、白か黒か判定をつける。もし日本が正しいなら、間違っているのは欧米側となる。だから、あらゆる手を使って、正義は自分の側にあると、正当化《ジャスティファイ》しようとした。

東京裁判は復讐劇であり、日本の正当性を認めることなど、最初からありえないことだった。認めれば、自分たちの誤りを認めることになってしまう。広島、長崎に原爆を投下し、東京大空襲をはじめ全国の主要都市を空爆して、民間人を大量虐殺した「罪」だけでなく、もっといえば、世界で侵略を繰り返してきたその正義の「誤謬《ごびゅう》」が、明らかにされることがあっては、けっして、ならなかった。それが、連合国の立場だった。

そしてこれだけではありません。私をもっと驚かせた事実があったのです。それは日本が起こした戦争のおかげで、欧米諸国の内では一番ひどい損害を蒙ったはずのオランダのアムステルダム市で起こっていたのです。

一九九一年に日本の傷痍《しょうい》軍人会代表団が同市を訪れた時、市長主催の親善パーティーの席上おこなわれた次に掲げるエドアルド・ファン・タイン市長の歓迎の挨拶がそれです。[注12]

> あなた方の日本国は先の大戦で負けて、私共のオランダは勝ったのに大敗をしました。今日の日本国は世界で一、二を争う経済大国になりました。私たちオランダは、その間、屈辱の連続。即ち、勝った筈なのに、貧乏国になってしまいました。戦前は「アジア」に大きな植民地（鈴木注、オランダ領東インド〔蘭印〕＝ほぼ現在のインドネシア）が有り、石油等の資源・産物で、本国は栄耀栄華を極めておりました。しかし今では、日本の九州と同じ広さの本国だけになってしまいました。
>
> あなた方の日本国は、「アジア各地で侵略戦争を起こして申し訳ない。アジアの諸民族に大変迷惑をかけた」と、自らを蔑《さげす》み、ぺこぺこと謝罪しています。が、これは間違いです。あなた方こそ、自らの血を流して、アジア民族を解放し、救い出すと言う人類最高の良い事をしたのです。何故ならば、あなた方の国の人々は過去の真実の歴史を目隠しされて、先の大戦の目先の事のみを取り上げ、あるいは洗脳されて、悪い事をしたと自分で悪者になっていますが、ここで歴史を振り返って真相を見つめる必要があるでしょう。本当は、私共白色人種が悪いのです。
>
> 百年も二百年も前から、競って武力で東亜諸民族を征服し、自分の領土として勢力下に

置いたのです。植民地・属領にされて、永い間奴隷的に酷使されていた東亜諸民族を解放し、共に繁栄しようと、遠大崇高な理想を掲げて、大東亜共栄圏樹立という旗印で立ち上がったのが、貴国日本だったはずでしょう。本当に悪いのは、侵略して権力を振るっていた西欧人の方です。日本は戦いに敗れましたが、東亜の解放は実現しました。即ち、日本軍は戦勝国の全てをアジアから追放して終わったのです。その結果、アジア諸民族は各々独立を達成しました。日本の功績は偉大であり、血を流して戦ったあなた方こそ、最高の功労者です。自分を蔑む事を止めて、堂々と胸を張って、その誇りを取り戻すべきであります。注13

私はこのアムステルダム市長の歓迎の辞を目にした時、一瞬これは本当に日本の傷痍軍人たちを前にして、オランダの政治家が語った言葉とは、直ぐには信じられませんでした。なぜかというと、すでに述べたようにオランダは東インド地域の植民地を日本のせいで撤退せざるを得なくなったときに、こともあろうに長期にわたる植民地時代に投下したと称するインフラの代金六十億ドルを請求したり、多数の兵士を含む日本人を戦犯として処刑したり、更には昭和天皇が一九七一年にオランダを訪問された際には、外国の国家元首である天皇に対して、非礼きわまるさまざまな侮辱行為を行った退役軍人たちを官憲が制止もせず傍観していたことがあったからです。

そしてユリアナ女王が戦後インドネシアを訪れた際に行ったスピーチの中で、ただの一言も三世紀半にも及んだ苛酷で非道な植民地支配に対する謝罪の言葉を述べなかったことなどからして、このような率直な反省の言葉がオランダ人の、それも責任ある政治家の口から、親善パーティーとは言え公式の場で出たとは、今でも半信半疑の気持ちです。

さらに調べてみるとファン・タイン氏は生粋のオランダ人ではなくユダヤ系の人で、彼自身も普通の西欧人ではない、ある意味での「白人による差別と迫害」の経験者であることも分ってきました。私は今ではそれならば分らないこともないという気持ちになっています。しかしこの挨拶のオランダ語の記録を探して、自分で読んで確認するまでは、この歓迎の辞の真偽についてはまだ完全に納得はしていません。

私はあの戦争中は医学部の予科生であったため、学徒出陣で海軍に行った長兄のように戦争にこそ行かなかったものの、学業の合間に勤労奉仕として、戦闘機の脚部（オレオ）を組み立てる軍需工場で働き、軍事教練の真似事《まねごと》も経験しました。また東京がＢ29の大編隊により焼夷弾攻撃を受けたときも、父と次兄と三人で朝まで奮闘してやっとわが家の全焼をくい止めたりという、いわゆる銃後の戦争経験はかなりしました。

そして今でもよく覚えているのは大東亜戦争の始まった十二月八日の、真珠湾攻撃の日の興奮です。ラジオから流れる天皇陛下の重々しい開戦の詔勅の最後が、「以って帝国の光栄を保全せむことを期す」で終ると、玉音放送を一緒に聞いていた一介の主婦に過ぎなかった母が、「よーしがんばるぞ」と興奮して叫んだのを今でもよく覚えています。

母のように、当時日本国民の多くは、それまでなんとなく鬱屈した気持ちを抱いていたのが、一気に晴れ晴れとした開放感のようなものを感じたことは確かです。

戦後になって、戦争中毎日毎日早くこの嫌な戦争が終わらないかと思っていたとか、日本は愚かなことに戦時中、英語を敵性言語として学校で教えるのを禁止したなどという話を聞くと、それはあなた自身が直接に経験されたことですかとよく訊いたものです。というのも私のいた慶應義塾の医学部予科では終戦間際まで英語の授業はドイツ語と並んで休みなく続けられていたからです。この点では私と同じく大正生れの家内も、彼女が在学していた東京女子大学では終戦直前まで、英語英文学の授業はちゃんとありましたよといつも言っています。

たしかに日本が起こした戦争によって、アジアで苦しみながら死んでいった人も決して少なくないことは私も知っています。でも日本の戦争の影響を受けたすべてのアジア人が不幸になったと思うことは、あまりにも非現実的で、常識で考えてもありえないことだと思いませんか。いや私はそう思うという人がいれば、ぜひいま引用した人々の文章を繰り返しよく読んで欲しいのです。この趣旨の発言はその気になって捜せば、アジアのいたるところで身をもってあの戦争を経験した、現地で指導的立場にあったかなり多くの人々によって残されています。私はこれからも出来る限りこのような、戦後の日本人の伝聞に基づく意見や解釈ではなく、現地の当事者による直接の証言を捜し求めるつもりです。

その意図は、もういい加減に日本人は、戦後のひどく偏向した教育の結果として陥ってしまった、自虐的な日本観、すなわち病的としか言いようの無い、反省一方の萎縮《いしゅく》した思考回路から抜け出さないかぎり、私の提唱する日本語、日本文化の国際普及という大きな夢に向かって進むことは望めないからです。

敗戦の荒廃からいち早く復活して、いまや世界の経済超大国の一員となった日本は、残念なことに、これまでしばしば外国から、顔の見えない大国とか声を失った巨象、更には何かといえば国際問題を金の力で解決しようとする、小切手外交のみが得意な国などと、世界経綸《けいりん》に対する理念の欠如を揶揄《やゆ》される、なさけない国になってしまいました。元々日本に好意的な肝心の東南アジアの人々からも、一部の日本人のあまりのエコノミック・アニマルぶりと、金に任せての目に余る傍若無人の態度に対して、これがあの**素晴らしかった日本人**と同じ国民だとは思えないという声も、そこかしこで聞かれたほどです。

このような日本人の変貌は私の見るところ日本人があまりにも徹底した敗戦のショックをいまだに引きずっているためではないかと思います。今世界が進路の一大変更を必要としている時、我々の父母や先輩が多大の犠牲を払って、世界を良くするために戦い、以上述べたようにそれなりの感謝も東南アジア各国から受けていたのだという事実を正しく知ることによって、私たちも先輩に負けずに、ここで再び世界人類のために立ち上がる決心をする時がきていると思うのです。

日本のおかげでアジアでは、だれが損をしたのか

大東亜戦争が終結してから、はや七十年近くの月日が流れました。ところが世界のこれまでの常識に反して、日本ではかつて総理大臣を務めた村山富市を初めとする何人もの政府の要職にある人々が、いまだに日本が起した戦争によって、「アジア諸国に多大な迷惑をかけたこと」を深く謝罪する旨の発言を繰り返すのはなぜでしょうか。

私の見るところそれは、長年にわたって日本の事実上の戦争相手だった中華民国、および日本が三十五年間植民地として支配した当時の朝鮮の両国と、すでに詳しく説明したような、日本の起した戦争によって直接あるいは間接に、欧米の植民地状態から解放されたアジアの国々とを、どちらもおなじ**アジア諸国**として一まとめにして扱うという、まことにいい加減で無神経きわまる認識しか、これらの政治家が持っていないためなのです。私がこのことにはっきりと気付いたのは今から三十年ほど前に、外務省のある外郭団体からの派遣で、東南アジア各国を訪れたときのことでした。

この歴訪の目的は各国の指導的な立場にある方々と自由な懇談、意見交換をすることでしたが、インドネシアでは工業大臣の某氏に、私の案内役として同道してくださったＪＩＣＡの課長さんと一緒にお会いしたのです。

そこで私は挨拶もそこそこに、前日訪れたジャカルタ市内の中心にあるムルデカ（独立）広

場のインドネシア記念館で、私が受けた大きな衝撃をお話しして、これについてどう考えておられるかの説明を求めたのです。このことはすでに私の『日本人はなぜ日本を愛せないのか』（前掲）に書きましたので、次にそのところを引用することにします。

（この記念館では）ジャワ島の太古の歴史の復元に始まり、植民地時代を経て独立国になった現代までが、次々とパノラマのように展開する多くの展示室がつながっていました。ところが驚いたことに、オランダによる植民地時代の悲惨な光景の部屋から、突然日本の軍隊が現地民を劣悪な環境の鉱山らしきところで、苛酷な労役に従事させている情景の部屋に移っているのです。

日本軍が（スマトラ島の）パレンバンや（スラエシ島〈旧セレベス島〉の）メナドにパラシュート部隊を奇襲降下させてオランダ軍と戦い、これを降伏させた劇的なシーンも、日本軍の到来を狂喜乱舞して迎えた群集の姿もありません。それどころか、日本がついに連合軍に降伏したとき、焦土と化した日本に帰国するのを諦めた二千名もの旧日本兵が、再植民地化をはかる目的で戻ってきたオランダ軍を相手に独立軍に加わって何年も戦ったという、悲しい史実を示す展示もまったくありません。彼ら旧日本兵は、近代的な兵器もなく戦争にも習熟していないインドネシア人たちを指導援助するために、自分たちの武器を提供した上で戦い、半数が死んでいったのにもかかわらずです。つまり、日本がインドネシアの独立に果たした役割を示すものが、なぜか何も飾られていないのです。

この私の疑問に対して、明らかにインドネシア系とわかる風貌の大臣は、彼の国はいまだに隠然たる勢力を持っている中国系の華僑に、いろいろと遠慮しなくてはならない立場にあるが、やがては**本当の史実**を堂々と語れる日が来ることを信じているとだけ、苦しげに語ってくれたのです。そこで私はそうだったのかと目が開かれた思いでした。

つまりインドネシアはもちろんのこと、東南アジア一帯の長年西欧諸国の植民地であったところではどこでも皆、中国系の華僑が、現地民と宗主国の管理者の間に立って、さまざまな利益を得るという仕組みができていたのです。彼らは当時の現地民とはちがって教育もあり、貿易や商売の実務にも長けていたためです。そのような社会構造のあったところへ、日本軍が進駐してきて、宗主国の勢力を一掃して現地民を取り立て教育して、**国民としての意識**を育てたため、華僑は多くの既得権を失うことになりました。

しかも華僑は、日本にとっては当時の敵国であった中華民国と様々なつながりを持っている民族集団ですから、シンガポールに進駐してきた日本軍に対して便衣隊と呼ばれる**平服で不意に攻撃を仕掛ける**国際法違反のゲリラ活動が頻繁におこったのです。

ですから日本軍は華僑すべてを信用するどころか、まるで中華民国のスパイででもあるかのように扱ったのです。その現れの一つが、シンガポールでのいわゆる「華僑の大虐殺事件」とよばれるものなのです。

そこで当然この「日本憎し」の感情を持つ華僑が、日本が連合国に降伏するや、直ちに失地回復に乗り出し、日本の統治時代にこうむった被害を誇大に言い立て、現地の親日的な動きを封ずる挙に出たのは理解できます。何しろ宣伝にかけては白髪三千丈の伝統を持つ百戦錬磨の人々ですから、すべてに経験が浅く世界の情勢にも疎かった現地の人々は、なかなか表立って華僑とは太刀打ちできなかったのです。

このようなわけですから、すでに述べたように東南アジアでは、華僑の勢力の圧倒的に強いシンガポールを除けば、ビルマ（ミャンマー）からタイ、マレーシア、インドネシア、そしてフィリピンなどの国々では、一部の日本軍人、特に憲兵の非常識きわまる暴力的な振舞いなどに対する強い反発があったりしても、基本的には日本が、欧米諸国を武力でこの地域から追い出してくれたことに対しては一貫して好意的なのです。ですからこのような事情を無視していつまでも、迷惑をかけて済まなかったなどとこれらの国に向かって日本の政治家などが言い続けることは、却って逆効果であり、不必要な混乱を起こすだけなのです。

私は何度も言っていることですが、日本の政治家や外交官のような対外的な仕事に関係する人は、日本が大東亜戦争で欧米を相手に立ち上がるまでの世界の状態が、一体どのようなものであったかについて、もっと勉強してもらいたいと思うのです。そして私たちの祖父や父の世代の日本人が命を棄てて東南アジアの人々を助けたことで、彼等からかちえた日本に対する信頼と尊敬を損なうようなことだけはしないで欲しいのです。ですから二〇一三年の終戦記念日に安倍総理が、これまで歴代の首相が必ず取り上げた「アジア諸国に対する謝罪」に全く言及しなかったことは、あまりにも遅すぎた感はありますが、とにかく正しい方向にやっと進みだしたものとして、大いに評価しています。

注

1　黒人の独立国としては、エチオピアに加えてよくリベリア共和国が挙げられますが、この国はもともとアメリカ植民協会が、アフリカからアメリカに連れてこられた黒人奴隷に、アフリカでの『祖国』を再建させるために、一八二〇年に八十八人の解放奴隷を胡椒海岸に送り返して作らせた人工国です。このような経緯からもわかるように、独立国とはいってもアメリカから戻ってきた黒人たちの差別に反抗して先住民族がしばしば反乱を起こし、その都度アメリカが軍艦を派遣して鎮圧するなど、どう見てもアメリカの保護国以上のものではありません。

2　英国は一九世紀から二〇世紀にかけてビルマを三度も攻めて、ついに王朝を滅ぼしたとき、ビルマの王族に対して残酷非道な処置を取って王家を根絶やしにし、皇女たちを手柄のあったインド兵に与えたり、売り飛ばしたりしました。ところが日本は朝鮮併合の際、新たに李王家を創立して、旧李氏朝鮮の支配者を日本の皇族並みに礼遇したのです。また日本の国内にさえも、そのころはまだ僅か五つしかなかった権威ある帝国大学を、朝鮮人も入学できる京城（今のソウル）に創立したことも、世界の植民地史上特筆に値するものです。日本は植民地台湾にも同様な台北帝大を作りましたが、しかしオランダは三百五十年も植民地にした東インド地域（インドネシア）には、現地民のための小学校すらろくに作らないという、徹底した愚民政策を採ったのです。

3　ベトナム独立戦争中に設立されたクァンガイ陸軍中学などで、旧日本陸軍軍人による軍事教育が行われました。

4　駐日インド大使アフタープ・セット『象は痩せても象である――インドから見た巨象・日本の底力』二〇〇一年、祥伝社。著者は一九四三年の生まれで、日本の高度経済成長が目覚しかった一九六〇年代に慶応義塾大学に留学、次いでオックスフォード大学を卒業され、アジア各国の大使などを経験された後、日本駐在の全権大使となられた方です。氏は日本が明治維新という一大社会革命に見事に成功し、また大東亜戦争に敗れて国土が廃墟と化した後も、短時日のうちに再び世界の超大国として立ち上がったことなどを分析して、日本が構造改革の外圧のもとに苦しみ、低迷している原因は、自分に対する自信（confidence）の欠如であって能力（competence）の問題ではないと言い切っています。私はインドが現在のアジアにおいてほとんど唯一の、中国に気兼ねせず西欧とも気後れせず立ち向かうことのできる大国であるという意味で、もっとインドに注目すべきだと思うのです。

5 Graham Greene : *'The Fallen Idol'* 邦題『落ちた偶像』

6 『アジアに生きる大東亜戦争』、ASEANセンター、一九八八年、展転社

7 この文は色々なところに出てきますが出典の詳細不明。

8 本書はのちに大幅な加筆と修正が加えられ、『大東亜会議の真実　アジアの解放と独立を目指して』（二〇〇四年、PHP新書）として刊行されました。

9 一九九二年十月一四日、香港でのマハティール首相の演説と言われている。他にマハティール首相の著書『マハティールの履歴書』加藤暁子訳、二〇一三年、日本経済新聞出版社も参考にしています。

10 『英国人記者が見た連合国戦勝史観の虚妄』祥伝社新書、二〇一三年、39-40ページ

11 『世界から見た大東亜戦争』名越二荒之助編、一九九一年、展転社

12 当時この市長の名として記録されたサンティンは、ファン・タインの聞き誤りと判明しています。

13 これは一九九一年に、日本の傷痍軍人会代表団がオランダを訪問した時、アムステルダム市長主催の親善パーティで市長の行った歓迎挨拶を、元憲兵少尉の溝口平二郎が録画したものを、（財）日本国防協会理事の浅井啓之氏が一九九四年三月二十四日にDVDに作成したもので、現在でもウェブ上で閲覧可能です。

第六章　日本語があったから日本は欧米に追いつき成功した

地球規模の鎖国状態における人類の生き方に役立つ知恵と経験を、未だに色濃く残している日本語をこれから世界に広めようとするときに、自虐的歴史観に基づく否定的な自国認識をたとえ克服できたとしても、さらにもう一つの高い壁が行く手を遮《さえぎ》っているので、ことは簡単ではありません。

それは肝心の日本人が自分たちの母語である日本語に対して今でも抱いている**抜きがたい劣等意識です**。もしこの本を読まれているあなたが、日本語は欧米語と比べて劣っているとまでは思わなくても、何となく欧米語のほうがカッコいいとか、世界に誇れる言語とは思えないなどと感じておられるならば、いくら私が西欧とは全く異なる世界観の裏づけをもっている日本語と日本文化を世界に広めようと呼びかけても、ためらわれるのは当然です。

そこで次の大仕事は少なからぬ日本人が抱いている、この日本語に対する劣等意識と言うか引け目も、実は言語学的には全く根拠のないものであり、近代における西欧諸国の暴力的な世界制覇の余波であって、文化的精神的な領域での後進国に与えた衝撃の一つに過ぎないのだということの啓蒙となります。

この日本語に対する日本人の劣等意識は、日本人が明治以来抱いてきた、自分たちの**体や顔つき**が西洋人のようでないことに対して持ち続けてきた劣等感と同根のものです。三越デパートの近代化に功績のあった高橋義雄などが、いち早く一八八四年に『日本人種改良論』を出版して西洋人との混血を勧めたり、高村光太郎が一九〇九年に長い外国生活から戻った後発表した『根付の国』という散文詩のなかで、日本人の顔を、あらゆる醜いものに譬え、谷崎潤一郎が『痴人の愛』（一九二四年）の中でナオミと言う女性を、西洋的な女に仕上げることに血道をあげたりするなど、幾らでも例があります。新しいところでは、「日本人の肉体は胴長短足で醜い。ピグミーやホッテントットよりはましだが」といったような書き出しの本を、河崎一郎元アルゼンチン大使が英語で *Japan Unmasked*『素顔の日本』（一九六九年）として出版してさすがに大問題となり、遂に大使を罷免された事件がありました。そして「あなたの顔は**日本人離れ**している」が女性に対する褒めことばであることも、日本人が自分のモンゴロイド的な顔つきに劣等感を抱いている何よりの証拠です。

終わりよければ万事よしという視点

さて私の見るところ、この自己否定的な日本語観は、実のところ宗教、言語、人種、そして文化の全てにおいて、西欧のものこそが至上最善なものであるとする西欧人の手前勝手な偏った世界観を、世界の事情にまだ疎《うと》かった日本人が、なるほどと鵜呑みにしただけのことなのです。ですからこのような日本語は劣等言語だとする見方が、実は全く正しくなかったことを理解するのは真に簡単で、ちょっと視点を変えさえすれば何だそうだったのかと、まるで霧が晴れたように明るい気分になれること請け合いです。

というのも、この日本語が劣等言語であるのかないのかという議論は、言語そのものの性質とか、使用している文字が複雑な漢字であるためだといったような、言語学上の面倒な議論には一切関係ない、単なる常識の問題として簡単に決着がつくからです。その常識とは《終わりよければ万事よし》の諺《ことわざ》の視点に立ってみることです。それは、一体どうしてアジアの遅れた一小国の日本が、明治以来「**近代化には不向きな遅れた劣等言語**」と日本の知識人によって自虐的に蔑《さげす》まれ続けてきた**日本語だけ**を使って、わずか百年足らずの短時間のうちに、先進西欧諸国に全ての点で追い付き、遂にいくつかの領域では追い越してしまうという、驚天動地の成功を収めることができたのかを考えてみるだけでよいのです。

もし日本語が西欧語に比べて本当に効率が悪く劣った言語であったならば、客観的に見てもそれほどの国力のなかった日本が、このような奇跡とまで言われた、世界史に残るほどの急速な発展を成し遂げることは、到底できなかった筈だと考えるのが自然でしょう。

もっとも、《日本語はなんと言っても劣った効率の悪い言語であることは間違いないのだが》、でも、《日本民族が、ずば抜けた能力を持った**特別例外的な優秀民族**であったから、言語の質の悪さ、非効率さなど全く問題にならなかったのだ》というような、**日本人種最優秀論**を持ち出すことも出来ないではありませんが、これは、さしずめ、アーリア民族が人類の中で最優秀民族であると謳《うた》い上げた、かのヒットラーでさえも腰を抜かすような馬鹿げた説明ですね。

日本語が近代化には向かない劣等言語であるという日本語に向けられた批判は、実はすでにふれたように西欧の人々が大航海時代以後に、世界の至る所で出会った自分たちとは異なる言語、宗教、社会組織、そして風俗習慣のすべてを、進歩発達の遅れたものとして**一方的に断罪したことを真に受けた**からにすぎないのです。

むき出しの暴力による世界制覇をそれまで着々と進めてきた西欧の人々は、〈力こそ正義なり〉の彼らの生き方を、日本が開国した一九世紀の半ば頃は、発表されたばかりのチャールズ・ダーウィンの生物進化論を、〈適者生存〉こそこの世の習いだとばかりに、英国の社会学者ハーバート・スペンサーなどが、安易に様々な人間社会の発展の違いを説明するのに使ったりしていたからです。

というわけで、日本語は言語そのものとしては西欧の言語と比べて決して質が悪いとか発達が遅れているというわけではなく、ただ後で述べるようにタイプがあまりにも違っていただけなのです。しかも言語の日常的な使い方を欧米などと比べると、すでに指摘したように日本人は非常に柔らかいというか、理屈っぽい、くどくどした感じを嫌い、ましてや角の立つことを極力避ける傾向が強いので、筋の通ったことの言えない未発達な言語だ、と見做《みな》されてしまっただけなのです。

しかし私のように言語学といっても、音声や文法といった物理的論理的な構造面の比較ではなく、**言葉を人々が実際どのように使っているのかを主な考察の対象とする、言語社会学**（**語用論**）の立場から西洋諸語と日本語を比べると、日本人の言語の使い方は、まさに日本人の生き方を反映して、どちらかと言えば人々の感情や感性の表出に重点が置かれ、これに対し欧米人は理性と論理面を極力重視しながら言語を使うといった大きな違いがあると言えます。

なぜこのような違いが言語の使い方に生まれたかというと、狭い島国の日本では、社会の成員の間で事実（fact）の同一性を重視することが可能であったのに対して、広大なユーラシア大陸では、至るところに基本的な事実の相違つまり多様性が見られるため、（fact）の同一性に頼って合意形成をはかることは不可能であって、もっと抽象性の高い（fiction）のレベル、つまり理屈のレベル、ということは言葉の理論的な側面に頼らざるを得なかったからだと私は考えています。

つまり日本が等質性を前提とした「論より証拠」の**事実社会**であるのに対して、西欧や中国を含むユーラシア大陸では、あまりにも地域差、つまり多様性が大きいため、「証拠より論」の**理屈社会**となっているのだと考えられるのです。

日本語は、感情と情緒の表現に適している言語だ

ところで最近ふとしたことから、だいぶ以前に読んだことのある、私の尊敬する文化人類学

者中根千枝氏の名著、『タテ社会の人間関係』（一九六七年、講談社現代新書）を読み直していて、私がこれまで指摘したこととほぼ同じことを、中根氏が日本人の言語生活の特徴として、この著書の中ですでに詳しく述べておられることに気づいて驚きました。次に引用する文章がそれです。

日本人は、論理よりも感情を楽しみ、論理よりも感情をことのほか愛するのである。少なくとも、社会生活において、日本人はインテリを含めて、西欧やインドの人々がするような、日常生活において、論理のゲームを無限に楽しむという習慣をもっていない。論理は、本や講義のなかにあり、研究室にあり、弁護士の仕事のなかにあるのであって、サロンや喫茶室や、食卓や酒席には存在しない。そうしたところでは、論理をだせば理屈っぽい話としてさけられ、理屈っぽい人は遠ざけられる。

〈中略〉

私も外国生活になれない頃は、彼らが食事中にも、団欒《だんらん》のサロンでも、たいへん頭脳を使う話をするので、閉口したことである。また反対に、日本に来た外国のインテリは、日本人がお酒を飲みだすと、手のとどかない遠い所に行ってしまう、と取り残される寂しさを味わうのである。

ある中国人は、日本人のこの姿を見るにつけ、あのように無防備で楽しむことのできる日本人は羨ましい、といった。あるアメリカ人は、日本の実業家がアメリカの実業家同様忙しいにもかかわらず、ハート・アタック（心臓麻痺・鈴木注）で亡くなる率がずっと少ないのは、馬鹿話のできる酒席の時間というものをもっている故にちがいないと考えている。

〈中略〉

日本人、日本の社会、日本の文化というものが、外国人に理解できにくい性質をもち、国際性がないのは、実は、こうしたところ——論理より感情が優先し、それが重要な社会的機能をもっているということ——にその原因があるのではなかろうかと思われる。（一七八－一八三頁）

このように中根氏が様々な角度から巧みに述べられている事実は、私がいま書いているこの本を、なぜ**言語生態学的**文明論と呼ぶことにしたのかということに、深く関連しているものであって、その意味で私は強力な援軍を得た思いで嬉しくてたまりません。

日本という国は結構すべてがうまく行っている国だ

ただ現在の私は若い頃とは違って、このような日本人の言語の使い方を、どちらかといえば困ったこと、改めるべき日本の遅れた国民性とは考えなくなっています。むしろ、このように可能な限り衝突を避け、人間関係を壊すまいと自分を抑え相手を立て、友好的な人間関係を維持するために色々と気を遣う日本人の社会が、世界を今そのつもりで改めて見渡してみると、**どこの国よりも全体としては**、非常に物事が**うまく行っている**理由なのだと思うようになったのです。つまりここでも《終わりよければ万事よし》です。

ですから私の主張の要点は、日本人の生き方は国際的に理解され難いから、もっと理解されるように改める必要がある、というのではありません。むしろ、**諸外国、特に欧米のほうが**、日本の社会のこのような非対決的なあり方や日本人のこの柔らかい生き方をモデルとして学んで、もっと対立対決の少ない平和で穏やかな世界が出現するようにと、日本が積極的に外国を啓蒙し教導する努力を、それこそ日本は国を挙げてすべきだということにあります。[注1]

私は今、日本は物事が**全体としては**結構うまく行っていると言いましたが、そのことを示すなによりもの指標は、このところ日本人の平均寿命の男女を合わせた総合順位が、**世界第一位で八十四歳**だということです（WHO「世界保健統計」2014年版による）。日本に次ぐ順位を占めているのはアンドラ、オーストラリア、そしてイタリア、サンマリノの順ですが、そのなかで人口の最も多いイタリアですら六千万弱で、日本のような一億二千万を超すような大人口の国は、どこも平均寿命は低いのです。ロシアなどは男性の平均寿命は七十歳に達していません。日本人が何かに付けて羨むアメリカでも、男は七十六歳で女は八十一歳です。

不老長寿は古今東西を通してすべての人類が抱いてきた永遠の願望であり、権力者はあらゆる手段を尽くしてその実現を求めてきました。ところが日本は国として、その人類共通の願いを、今現在最も実現してしまっているのですから、日本という国の運営は、少なくとも今のところは全体としてうまくいっていると言わざるを得ないのです。

そして日本の国民が一番長生きしているということは、とりもなおさず食料、治安、医療、教育といった国民が安全に健康で暮らせる社会条件が、**全体としては**世界で一番整っていることの何よりの証拠なのです。このどれか一つが欠けても、平均寿命は下がるからです。これに対して、「まさかこの日本が世界一素晴らしい国だって」と驚く人がいると思いますが、少なくとも多くの人が崇める、**客観的科学的な統計**からはそう言えるのです。

さらにいくつかの点を挙げると、日本は大東亜戦争終結後七十年近くにわたって、国民の誰一人として戦争で死んだ人がいない、**唯一の先進国**です。ですから戦争と聞くとアレルギーを起こす人にとっては、まさに日本に生まれてよかったとなるはずです。また国連薬物犯罪事務所（UNODC）が二〇一四年に発表した世界の殺人発生率（一〇万人当たりの殺人発生率）では、先進国中最低です。そしてすべての国民が入ることのできる、アメリカにはない健康保険制度も持っています。

また文字が読めない人は、身体的条件が理由の人を除いて、まず一人もいないという、識字率が事実上百パーセントの国は、世界で日本だけです。以前私は次のようなエピソードを紹介したことがあります。東欧のある国から来た外交官に、日本の知り合いが東京の街を案内している時、ちょうど昼休みだったので道路工事に従事している人たちが道端に座って新聞を読んでいる傍を通ったのです。すると件の外交官がその知人に「一体どうしてこんなインテリを道路工事なんかに使うのか」と尋ねたというのです。一瞬質問の意味が分からなかった知人が、わけを尋ねて分かったことは、かの国では労働者などはそもそも新聞なんか読まないし、**第一読めない**のだということを聞いて、びっくりしたということでした。

イギリスなどでは日本とは違ってインテリの読む新聞と大衆が読む新聞は明らかに分かれていて、購読者の比較的少ないいわゆる高級紙は、通勤や外出の際に駅や街角のスタンドで買うか、(購読者が少ないため) 郵便で配達してもらうのです。購読者の少ない理由の一つは同じ英語でも、庶民用とインテリの読者相手では使われる言葉がひどく違うからです。日本でなぜ国民が皆同じ新聞を読めるのかという理由は、識字率が高いということの外に、日本語という言語に、**階層差がない**ことも大きく貢献していることはあまり知られていません。しかしなぜそうなのかということは、後で漢字の利点を扱う際に取り上げることにします。

また国民は旅行などで国外に自由に出ることができますが、どの国でもそれができるというわけではないのです。戦後の共産圏では一般に国外に出ることは自由でありませんでしたが、北朝鮮などはいまでもそうですね。

日本には宗教が原因の紛争も人種差別の問題もない

最後に日本がどこよりも素晴らしい点は、何と言っても宗教が原因の紛争や対立が国内に全くといってよいほど存在しないことです (かつてオウム真理教が起こした悲惨な事件はありましたが、これは宗教的な対立紛争問題には当たりません）。

ところが国外では事情が全く違います。いまだに世界各地で起こっている激しい紛争の一番の原因は、宗教的反目と異宗教の対立が原因なのです。

アメリカが一方的に戦争を仕掛けたイスラームのイラクやアフガニスタンから、無事撤退できるかどうか、今のところ見通しは決して明るいものではありません。終わりの見えないシリアの内戦も、結局のところ中近東のイスラーム世界には付き物の、シーア派とスンニ派の主導権争いに起因する根深いものといえましょう。

そしてイスラエルとパレスチナ自治区のガザを拠点とするハマスとの凄惨な戦いも深刻さを深めるばかりです。

またイギリスでも、北アイルランドのカトリックとプロテスタントの対立が原因のテロ事件がロンドンでしばしば起こりましたし、ロシアは現在でもコーカサス地域でのチェチェンにおける宗教絡みの内紛を抱えています。ユーゴスラビア解体後に発生した、正教会のセルビアとカトリックのクロアチアとの凄惨な殺し合いの余波も、まだ完全には収まっていません。

他方南アジアでは、宗教の違いが主原因で何度か繰り返されたインドとパキスタンの流血の惨事は未だにあとを絶ちませんし、またカシミールの帰属問題も一触即発の不安定な状態が続いています。スリランカでは二十六年も続いた内戦はようやく一応の終結はみたものの、タミール人とシンハラ人の間には宗教と民族問題の絡む対立が依然続いています。

さらにインドネシアに囲まれた形の東ティモールでの長引く紛争も、キリスト教とイスラーム教の対立が原因の一つですし、フィリピンが抱える大きな問題も、ルソン島のカトリック教徒と、ミンダナオ島のイスラーム勢力がなかなか融和しないということが関係しているのです。アフリカ大陸でも同様で、イスラームとキリスト教の対立が原因の戦争や紛争は各地で起こっています。特にそれが顕著なのはアフリカ最大の人口を持つナイジェリアでの紛争です。またいわゆるエジプトの「アラブの春」の崩壊も、社会の世俗化・非イスラーム化に不満を持つ人々と、宗教から解放されて社会の近代化を望む人々の対立が底流をなしていると言われています。

ざっと見てもこんなわけですから、宗教が原因の流血の惨事どころか紛争と呼べるものが、一六世紀後半の、織田信長による一向一揆の平定以来今に至るまで、国内で四百年以上も全く見られない国は**世界で日本だけ**なのです[注2]。

読者のなかには南北アメリカ大陸やオーストラリア大陸には、現在宗教対立が原因の目立った争いがないのではと思う方があるかもしれません。実は、これらの地域では一六世紀以後にヨーロッパから侵入したキリスト教徒の白人が、すべての**土着の弱小民族宗教を、民族ごと有無を言わせぬ暴力で圧殺してしまったため**、キリスト教以外の対立項としての異宗教がそもそも存在しなくなっているのです。このことはこれら新大陸の主要言語が、現在すべて英語、スペイン語、ポルトガル語、そしてフランス語といった外来のヨーロッパ語で占められていて、土着の言語は皆片隅に追いやられていることにも表れています。

そしてこれらの地域では宗教の対立がない代わりに、根強い**人種差別の問題**が燻《くすぶ》っていることを見逃してはなりません。しかし今の日本国内にはこの人種差別という、欧米のすべての国を、いまでも悩まし続けている解決の難しい問題も存在しないのです。

日本は政教分離の優等生

ところで西欧型の近代国家の要件の一つが、政教分離であることはよく知られていますが、この点でも日本は先進国中第一の優等生でしょう。何年か前に公共の建築物を作る際に、地鎮祭で神主さんが御祓《はら》いをして、何がしかの玉串料を受け取ったことが、政教分離をうたった憲法の精神に抵触するとしてキリスト教信者から訴えられ、違憲判決が出たくらいに徹底していますから。

ところがアメリカでは、大統領が演説の終りにGod bless America!〈神よ、アメリカを祝福し給え〉と今でもよく言います。また裁判所や議会での証言に際しての宣誓など、神やバイブルが出てくる公的場面は少なくありません。人々が毎日使うドル紙幣や硬貨にも、「我々は神を信じる（In God we trust）」という文言《もんごん》が見られます。ですからアメリカは宗教に関しては、中世国家的な古い体質をいまだに保持していると言わざるを得ません。

この点ではイギリスもまったく同じで、英国の国歌は冒頭からGod save our gracious Queen (King)!〔神よ、我々の優雅にして慈悲深き女王（王）を助けたまえ〕と神に対する祈願から始まっています。

こうした外国の事情と、かつて日本の首相を務めた森喜朗氏が、「日本は神の国だ」と懇談会の席上で発言したとジャーナリズムが大騒ぎしたことを思い合わせてみると、未だに欧米諸国ではすべてが日本より理想的になっているはずだという、日本人の持つ西洋に対する思い込みの強さに、私などはただただ溜息をつくばかりです。

誤解を避けるために言いますが、私は決して日本が誰にとっても理想的な国だなどと言っているのではありません。事実日本の国内にも様々な問題がありますし、人それぞれの立場、置かれている環境によっては、日本に生まれたことをなんとも運が悪かったと悔やんでいる人もいると思います。特にこの前の戦争で親子兄弟や最愛の夫を失った人、空襲で家も家財もすべて焼けてしまった人、原爆の被害でいまだに苦しんでいる人、そして戦場に送られて、それこそ口に出して言えないほどの悲惨な目に遭われた方々、これらの人々のように自分の不心得でも落ち度のせいでもない、国が起こした戦争の被害を、身をもって体験された方々の中には、日本に生まれてよかったとはまったく思わないという人々がおられても当然だと思います。

ただ、戦後だいぶ経ってから生まれたために、自分は戦争の直接の被害者でもなければ、戦争の恐ろしさや悲惨さを直接見たわけでも経験したわけでもない人々、本当の飢えとはどんなものかを経験したことのない人たちが、今の日本人の一般的な暮らしが、世界で一、二を争うほど恵まれていることも知らずに、何につけても不平を言い、不満を意味もなくあたりにぶつけたりしているのを目にすると、つくづく悲しくなるのです。

日本は外国と戦争をした期間が最も短く、最長の不戦世界記録を保持する国

日本はどこがいい国なのかという私の説明の最後として、ここに掲げたこの小見出しを読まれた読者の中には、「まさかそんなことウソだろ、だって日本は明治以来、戦争に次ぐ戦争に明け暮れした挙句、遂に**無謀な**大東亜戦争を始めて、アメリカに大負けしたと聞いているけど」などと呟《つぶや》かれる方が多いのではと思います。

そこでもともとは、このように最長不戦記録保持国だった日本が、なぜ突然明治以後、文字通りの**好戦的国家**と呼ばれても仕方がない国に変貌したかの、あまり知られていない事情を説明しなければなりません。

極東軍事裁判の結論などを受けて、日本は軍国主義国家だったとか、日本人は好戦的な民族だなどとよく言われますが、このような日本観は私の見るところ、日本と欧米諸外国との接触が本格的に始まった**明治以後の日本**、つまり長い日本の歴史から見るとわずか半世紀にも満たない、昭和の半ばまでの、きわめて短い時期だけを問題にしているのです。

しかし日本という国は、その歴史が千四百年を優に超していて、現存する世界の国々の中では**最も歴史の古い国**なので、日本人は好戦的だ、日本は侵略国家だなどという一般論は、日本の歴史を少しでも知っていれば、間違っても出てくるはずがないのです。

というのも、国を構成する民族、領土、言語、支配権力がセットとして殆ど変わらず、しかも同じところにこれほど長く続いている国は日本以外にありません。オーストラリア、アメリカなどは僅か二、三百年の歴史しかありませんし、現在のドイツやフランス、そしてイギリスも、そのつもりで調べてみると、日本のような長い歴史はもっていません。中国も、文明は四、五千年と古いのですが、支配民族や国はころころ変わり、今の中国すなわち中華人民共和国は、まだ建国以来七十年足らずの歴史しかもっていないのです。

日本という国の始まりを、一応紀元六〇〇年の第一回遣隋使派遣の年あたりとすれば、日本(倭国)が最初に行った対外戦争は、六六三年に隣国百済の求めに応じて朝鮮半島に四万人もの大軍を派遣し、唐と新羅《しらぎ》の連合軍と戦って大敗北を喫した「**白村江の戦い**《はくすきのえ》」です。

そしてこの古代の朝鮮出兵から数えて約九百年間、ということは戦国時代の終わりに、豊臣秀吉が起した朝鮮に対する二度にわたる**侵略戦争**(一五九二‐九八)までの期間、日本はどこの国とも戦争をしていないのです。この間二度にわたる元寇《げんこう》がありましたが、これは日本が一方的に外国から攻撃を受けたもので、日本が積極的にしかけた戦争ではありません。また日本の倭寇《わこう》などと称せられた武力集団が、中国大陸沿岸や東南アジア地域などを荒らす海賊行為が、かなりひどかった時期もありましたが、これなども国としての日本の戦争には入りません。

そしてこの秀吉の朝鮮侵略のすぐ後に、日本は鎖国体制に入ってしまったため、再び約二百五十年もの対外不戦状態が続きました。この状態が遂に破られたのが明治二十七年(一八九四年）に起った日清戦争で、以後一九四五年の大東亜戦争終結まで、日本は**戦争に次ぐ戦争の半世紀**を迎えることとなったのです。

つまり日本の歴史は古代のわずか二日間にわたる「白村江の戦い」と、近世での足かけ七年ばかりの朝鮮侵略の二つを除くと、国の始めから日清戦争までの**約千三百年**というもの、対外的には**不戦の状態**が続いた国なのです。こんな国は世界のどこにもありません。

このような長い不戦の歴史をもつ日本という国、そして日本人を、侵略戦争をこととする**好戦的な国家だ民族だ**と称することが、どうしてできるでしょうか。

明治日本が迫られた決断とは

ところがこのような、本来は戦争を殆どしない国だった日本がなぜ、今言ったように突如日清戦争を皮切りにして、息つく暇もなく日露戦争、第一次世界大戦参加、シベリア出兵、満州事変、盧溝橋事件そして支那事変（日中戦争）、ノモンハン事件そして大東亜戦争と、戦争に次ぐ戦争の時代へと突入して行ったのでしょうか。

このようなおとなしい日本という国家の性格に突然起こった、この不可解な一**八〇度の方向転換**に対して、ちゃんとした納得のいく答えを示した人を私は不勉強のせいか知りません。そこで歴史の専門家でも、特に歴史に詳しいわけでもない私流の、この近代日本の国家の性格に起こった変貌に対する解釈を次に述べることにします。

と言うのもこの問題に一応納得の行く説明を与えることが出来なければ、いま私が展開しているこの文明論の趣旨、すなわち今こそ日本は世界の教導者になるべきだという主張の、賛同者同調者を得ることはまずできないと思うからです。散々世界に迷惑をかけておきながら、今更世界の教導者でもないだろう、少しは恥を知れと言われかねませんから。

さてそれでは、近代日本が突如示したこの驚くべき変身、国家の性格の変化——千数百年も続いた不戦国家から攻撃的な侵略国家への急激な変貌——はなぜ起こったのでしょうか。

その理由というか原因は、一九世紀中葉にそれまで鎖国という他の国には一切迷惑をかけない、**本質的に非戦不戦の国家体制を二世紀半の長きにわたって保持していた**日本を、欧米諸国がただただ自分たちの利益のために、砲艦（恫喝）外交により日本を開国させて、**道理**の代わりに有無を言わせぬ「**力こそ正義**」の支配する、弱肉強食の彼らが主導する「国際社会」に引きずり出したからなのです。

このときの日本が置かれた状況を、戯画めいた調子で比喩的に描けば、それまで草しか食べていなかったおとなしい牛の群れが、突如獰猛《どうもう》な肉食獣たちに囲まれ、どうしてよいのか分からず立ちすくんだ様子が第一のコマです。第二のコマは、このまま猛獣の餌食になる（と言うことは多くのアジア・アフリカ諸国のように植民地化を受け入れる）か、それとも無い力を振り絞って、独立自尊の国家として生き抜くかの、国内での互いに口角泡を飛ばしての大議論大混乱の様子。第三のコマは負けるかもしれないけど、男ならやるっきゃないと、草食獣が肉食獣へと大急ぎの体質改造に乗り出し、曲った角を研いで突く練習を、蹄で相手を馬のように蹴る稽古を始めるやらの大騒ぎ（富国強兵、脱亜入欧、殖産振興）。そして最後のコマは、とうとう万策つきて絶望的なスタンピード（暴走）を始めた牛の群れに、一時はタジタジとなった猛獣どもがやがて態勢を立て直し、所詮殺しや戦いに向いていない、草食獣上りでにわか造りの牛軍団に勝利し、世界は元の殺しが専門の肉食獣が主役の、**牙と力が支配する平和な国際社会**へと戻って、めでたしめでたしというわけです。

圧倒的な武力に物言わせた西欧諸国は、一九世紀の中葉までにはすでに世界の大半を植民地化することに成功していました。アメリカの捕鯨業は南米のマゼラン海峡を回ってはるばると太平洋にまで進出し、日本沿岸から中国にかけて、一時期は四百隻にも上る**大変な数の捕鯨船**を展開していたのです。（余談ですが日本の合法的な調査捕鯨船を、しばしば卑劣な海賊行為で妨害する米国のシー・シェパードとかいうクジラ保護の団体は、世界のクジラ資源の減少にいち早く西欧諸国が大きく関わっていたことを、知っているのでしょうか）

当時産業革命によって一大発展を遂げていた西欧諸国は、植民地での綿花やサトウキビ栽培、そして鉄鉱や金銀宝石といった鉱物の掘削精錬のために必要な労働力を、殆どアフリカから拉《ら》致《ち》してきた黒人奴隷に頼っていました。そしてあらゆる工業製品の製造そして運転に不可欠な潤滑油の最高品質のものが、実は**クジラの油、鯨油**だったのです。まだ石油系の油が開発されていない時代でした。

西欧諸国の捕鯨は、この鯨油だけが目当て、あとは鯨のひげを多少利用する程度で、他は肉も骨もすべて捨ててしまうという、資源浪費の甚だしい産業でした。これに比べて日本の伝統的な捕鯨業は、捨てるところが全くない鯨の完全利用なのです。

ところがアメリカ東部のナンタケットやニューベッドフォードなどの捕鯨業の基地を出発した捕鯨船は、船腹が鯨油で一杯になるまで、三年でも五年でも基地に戻らず操業を続けたのですが、その際東アジアなどの遠隔地での一番の問題は、水と新鮮な食料の補給でした。中でも彼らの目の前に広がる緑豊かな島々は、外国人、特に西洋人との接触をかたくなに拒み続ける鎖国日本の領土でした。

そこで日本に圧力をかけてなんとか鎖国体制を崩し、薪炭や新鮮な食料飲料水を手に入れたいという捕鯨業者たちの強い要望が、ついに米国議会を動かした結果が、日本の開国を武力に訴えてもかち取る事を使命とするペリー艦隊の派遣だったのです。

さらにアヘン戦争で英国が一足先に中国沿岸に、香港をはじめとするいくつかの貿易拠点を確保したことも、アメリカの中国貿易の中継地として日本がもつ価値の認識を高め、アメリカ国内での日本開国への圧力となりました。来日したペリー艦隊の日本に開国を求める強硬な姿勢の背後には、このようなアメリカの国益が、二重三重に重なっていたのです。

そしてアメリカの脅しに屈服して開国せざるを得なかった日本は、アメリカに次いで次々と西欧列強とのあいだに和親条約を結ぶ羽目となり、まるで血に飢えた野獣の群れに囲まれた赤子よろしく、その意味も解らないまま治外法権、領事裁判権などを含む不平等条約を認めさせられ、関税自主決定権もない状態で国際場裏に投げ出されたのです。

当時の日本に与えられた道は二つでした。先に述べたように、多くのアジア・アフリカ諸国のように西欧列強いずれかの植民地になるか、万策を立てて死に物狂いで独立自尊の茨《いばら》の道を進むかです。

かくして軍国日本は生まれた

日本が独立自尊の道を進むべきことを説いた福沢諭吉は、初めのうちは日本と同様に、ロシアを含む欧米諸国の不当な圧力に苦しむ当時の清（現在の中国）や朝鮮などと一緒に手を組んで諸外国の干渉を共同で排除し、共に独立国として歩むことを考えていました。

しかしこれらの国が内部の党派的民族的対立や夜郎自大的な国際認識の不足などで、統一した方向をなかなか打ち出せず、いたずらに時が過ぎるのに業を煮やして、福沢はかの有名な（悪名高き？）、「共倒れにならないためには残念だが日本は、悪友と手を切り、独自に国内の近代化を進めざるを得ない」という、心情としてはまことに忍びない、亜細亜の友邦を切り捨てる『脱亜論』を書いたのです[注3]。

私は歴史学の専門家がもつ細かな知識は全くありませんが、一人の常識的な知識人として次のようなことだけは言いたいのです。

それは西欧諸国から、あらゆる意味での国家の存立にかかわる挑戦を受けた当時の日本が、それまでのシナを中心とする古い中華文明の華夷秩序体制の世界から一人抜け出して、新しく西欧的な国際秩序の中の一員として生きるための、文明のパラダイムシフトを行った以上、当時の西欧世界の国際常識として、今度は自国の防衛と独立国として最小限必要となる基本的な資源の確保のために、近隣の力の弱い国々に対する支配を確立する努力（レーベンスラウム＝**生存圏の獲得確保**）を始めるのは当然のことだということです。そのことが朝鮮の権益をめぐってかつての友邦清国との戦争となり、次に不凍港を求めて南下を止めないロシアとも、日露戦争を戦うことになったのです。

この日本の変身は見る立場によっては、日本も西欧諸国と並ぶ**立派な一人前の侵略国家**に変貌したということになるわけです。しかし歴史というものは、誰の立場に立つのかによって評価が変わり、場合によっては善悪の評価が逆転することも決して少なくないものです。またどの部分に光を当てるのかによっても異なる結論が下されることは、私たちがしばしば経験するところです。

そこで私は過去において、ある国がとった行動、特に自分の国の過去の行動の是非を論じるときに《終わりよければ万事よし》の考え方を日本人はもっと強く持つべきだと思うのです。自分の国がやったことの隠れた意図や究極の目的について、あれこれと推測を交えて、利害の一致しない関係者の間でいくら議論しても、双方が完全に納得する結論の出るわけのないことは、誰にでも分かることです。ですから日本が行った戦争が、侵略戦争であったかどうかに関する日本の意図について、日本人があれこれと議論するより、私は日本の起こした戦争によって、一体だれが得したのか損をしたのかという、戦争による結果を見極める方が大切だと考えます。

その点で、すでに詳しく述べたように、日本が矢継ぎ早に半世紀にわたって行った日露戦争から大東亜戦争までの西欧諸国相手の戦争の結果、[注4]日本自身は傷つき敗れたものの、全世界から西欧諸国の目ぼしい植民地のすべてが姿を消し、百を超す独立国が誕生したという前章で述べた**事実**こそ、日本の起こした戦争の本当の狙いがなんであったかに関係なく、《終わりよければ万事よし》だと思うべきなのです。

このように考えれば、不戦の期間が世界で最も長い歴史を持つ日本が、西欧諸国の理不尽な要求から身を守るために、心ならずも自存自衛のために軍国主義国家となって多大の犠牲を払いながら戦った結果として、植民地という名の**現代の人権思想**から見れば、あってはならない統治方式がすべて世界から姿を消したのですから、日本の戦争は全体としては侵略戦争どころか、むしろ一大抑圧民族解放戦争と呼んだとしてもおかしくないのです。[注5]

ですから近代になって日本が行った一連の戦争は、人類がそれこそ数えきれないほど行ってきた戦争のうちでは、褒められこそすれ、非難され糾弾されるべき筋合いのものでは　まったくないと日本人なら考えるべきなのです。大東亜戦争直後に開かれた極東軍事裁判は、すべて事後法によって連合国が日本を裁いたという意味で無効であるということは、今では広く認められています。そこで日本が犯した罪として挙げられているもののうち、《人道に対する罪》などというものがありますが、前にも述べたように欧米諸国に植民地放棄を、日本が直接間接に迫って実行させたという意味では、むしろ日本の戦争に対してノーベル平和賞が与えられてもおかしくないと私は思っています。

こうして振り返ってみると、明治以来日本という小国が必死で独立を守りながら、僅か百年足らずの内にここまで来るには、私たちの父親や祖父の時代の人々の大変な苦労と悲しみが有ったことを、もっと正面から堂々と教える教育を取り戻さなくてはと私は思うのです。

それにしても明治開国以来の苦難に満ちた日本の歴史の知識を、まったく持っていないような日本人を、次々と生み出す戦後の学校教育はどうなってしまっているのでしょうか。このような人々の親たちは家でどのような会話をしながら子育てをやってきたのでしょうか。もう少し何とかならないものだろうかといった焦る気持ちを抑えながら、私は少しでも世界の真実、世界に誇るべき日本の本当の姿を知っている日本人を増やしたいと、私なりにあるがままの事実を伝える努力をしているのです。

悪い遅れた日本語を棄てずに日本はなぜ成功したのか?

さて、大分横道にそれた話をこの章の主題である、日本語は欧米の言語とは全く性格を異にするという話に戻しましょう。

日本語がなぜ欧米語と全くタイプの違う言語でありながら、西欧社会で発達した学問や技術

を急速に消化吸収できたのでしょうか。[注6]

今でも非西欧世界で、国内で英語、フランス語、スペイン語、ロシア語といった西欧の大言語に頼らずに、日常生活のすべてから政治経済のあらゆる分野、幼稚園から大学院までのすべての教育を行える国が日本だけなのは何故だと思いますか。

答えを先に言ってしまえば、それは明治以後の近代日本語が、漢字というすでに古くから日本に定着していた外来の古典語要素を急きょ大幅に活用することによって、本来の日本語の弱点を補強することができたからです。つまり伝統的な日本語に不足していた、というよりはその必要がなかったために発達していなかった、近代化に必要な言語の理性的論理的側面を、漢字の持つ力でうまくカバーしたということです。

その結果として現代日本語は理性と感性の両面を、どちらもうまく処理できる硬軟両面をもつ二重複合的な、守備範囲のきわめて広い効率の良い言語となりました。これにより、開国後の一時期を除いて他の西欧語に頼らずして、国家を急いで近代化するという要請に応えることができたのです。

これまで私が言語学者としては、どちらかと言えば孤立無援の状態で半世紀以上も取り組んできた問題は、西欧語の論理と言語観では納得のできる説明が難しい問題に集中しています。すなわち、なぜ日本語には西欧語には必ず存在する話者と相手を明確に区別する「人称代名詞」が殆ど見られないのかといった問題や、煩雑な「古代文字」といわれた漢字を、日本人はなぜ棄てられないのかといった問題です。

これは今になって思えば後で詳しく述べるように、人間と環境世界との関係のあり方やそれに対する接し方は、どこでも**同じではあり得ない**という、これまで余り注目されてこなかった、人類の持つ言語文化の**質的多様性**をめぐる大きな問題意識が、私の頭の中に初めから一貫してあったからなのだと思います。

そしてこれからますます過密の度を深める閉鎖系としての地球で、人類が互いに争わず、仲良く何とか融通しながら生きてゆくためには、繰り返しますがこれまで世界の主導的文明であったユーラシア大陸型の理性、論理を重視し、強い自己主張に付き物の対立と対決に傾く他者攻撃的な生き方ではなく、無駄な自己主張にこだわらずに、小異を棄てて大同につくことを得意とする、日本人の柔らかい協和的な生き方のほうが遥かに適しているのです。

ですから今こそ日本文化の特徴である豊かな感性と、ものごとの曖昧さを認める世界観が求められていると思います。対立を回避し融和に価値をおき、分かち合い譲り合いを重視する共存共生の生き方こそが何よりも大切となるのです。人間界では自然科学の世界とは違って、すべてが単純に正邪、白黒ですっきりと片がつくものではありません。だからこそ、冒頭ですでに述べたように、終わりのない対立抗争に陥ることを極力避け、話し合いによる歩み寄りと相互の融和をもたらす「**タタミゼ効果**」をもつ日本語の出番が来ているというのです。

ところがこれと正反対の方向を目指すものが、現在進行中の世界のアメリカ化なのです。この流れの根底にある思想は、世界各地に存在するアメリカとは違う考え方や文化（宗教）的慣行を、自由な国際貿易を妨げる不公正な非関税障壁だとして執拗《しつよう》に非難攻撃しながら異端視するもので、大変に危険なものです。

私は長年かなり深く関わってきた動植物生態学の立場からも、世界各地にまだ残っている人間の基本的価値観をも含む文化的な相違を、人類の質的多様性の保持という見地から、尊重して残す努力をすべきだと考えています。これは世界のあらゆる面での多元性を守ることであり、先進国として**力のある、西洋とは異質の文明をもつ日本こそが**、いま声を大にして主張すべき時だと考えているのです。

アメリカ文明がためらうことなく自然環境を破壊した例

現在世界を動かしている西欧文明の中心的存在が、アメリカ合衆国であることは疑うことの出来ない事実でしょう。このアメリカの掲げる正義は、歴史的にいろいろと検討してみると、常に確固とした人間中心・人間至上主義の考えに基づく自国の利益のあくなき追求であることが見えてきます。そして彼らが正しいとする道に立ちはだかる、一切の人間的および自然的障害に対しては、それこそ手段を選ばず徹底的に排除することを躊躇《ためら》わない、恐ろしいほどの強靭な性格を持っているのです。

今私が人間的障害だけでなく**自然的障害**の排除とまで言ったことの意味は、自分たちに反対する相手を排除殲滅《せんめつ》するためには、相手の存在を支えている**自然環境をも、徹底的に破壊する**

ことを平然と行ってきているということです。いくつかの具体例でこのことを説明しましょう。

アメリカが宗主国であった英国に反旗を翻して独立を勝ち取り、国家としての統合を目指す過程で、ただちに直面した問題の一つは、すでに英国の植民地時代にかなり開発が進んでいた大西洋岸地域と、新たに鉱山の開発などで急成長を見せ始めていた太平洋沿岸地域が、地理的にあまりにも離れていることでした。

当時はまだパナマ運河がなく、自動車はもちろんのこと鉄道さえもろくになかったため、東部と西部の連絡は馬車で半年もかかりました。物資の大量輸送はもっぱら南米のマゼラン海峡の先を大きく迂回して四ヶ月も要する船舶のみが頼りでしたが、それも季節によっては海が荒れて事故が多発する始末でした。そこで大陸横断鉄道の建設が急がれたのです。

ところがこの鉄道建設は労働力確保の問題や技術的困難さに加えて、自分たちの居住地を一方的に侵害されることに怒《いか》って立ち上がった先住民（アメリカインディアン）たちの頻繁な武力攻撃に曝されたり、また平野部では数千万頭を数えるバッファロー（アメリカ野牛）の大群に、しばしば工事を中断されたりするなどで、なかなか思うように進みませんでした。

そこで合衆国政府は軍隊を動員して先住民の武力討伐に努めると同時に、先住民たちがこのバッファローに大きく依存して生活していることに目を付けました。すなわち、彼らの生存基盤をも奪う目的で、**組織的にバッファローを根絶やしにする一大虐殺を始めた**のです。鉄道会社もこの動きに加担して、大々的に観光狩猟としてのバッファロー狩りのツアーを始め、アメリカ中どころか、ヨーロッパの貴族上流階級の客まで集めて、時速十キロという低速で走る列車からのバッファロー狩りで大儲けをしました。

その結果、一九世紀初頭には北米全体で推定六千万頭を数えた巨大なバッファローが、一八九〇年頃（日清戦争頃）にはなんと動物園や牧場などで飼育されていた僅か一千頭を残して、地上からすっかり姿を消してしまったのです[注7]。

しかもこの野生のバッファローの消滅によって、今度は食料を失った狼が家畜を襲うようになったため、猛毒のストリキニーネをまぶした肉片を草原にばら撒くことで狼の根絶を図り、これにも成功しました。このように次々とまるで連鎖反応のようにアメリカの大草原の自然環境は短期間に大きく変化し続けたため、ついにそれまで季節によっては空を暗くするほどの大群で飛び交っていたロッキー・トビバッタまでが、すっかり消えてしまったのです。

同じような例は、ベトナム戦争においてアメリカ軍が行った、残酷非道のオレンジ作戦にも見られます。この戦争の初期においては平野部のベトナム軍やゲリラ部隊を、ナパーム弾の大量投下によって、彼らが拠点とする村落ごと焼き尽くすという戦術がとられました。ところが戦争が拡大するにつれて、南部の山岳部密林地帯に北ベトナムの兵士が多数潜入してアメリカ軍を攻撃するようになると、森林が邪魔をしてナパーム弾の殺傷効果が激減したのです。

そこで元々は農薬として雑草駆除に使われていた猛毒のダイオキシン系の薬品を、枯葉剤として上空から密林地帯に大量に散布することであらゆる樹木を枯らし、ベトナム兵が隠れることの出来ないようにと、自然環境そのものをすっかり変えてしまう作戦が採用されたのです。

この作戦は国際的にも大きな非難を浴びたものでしたが、それは当然のことながら人道的な見地からのものでした。それはダイオキシンの薬害によって日本でも有名になったベトちゃん・ドクちゃんのような畸形児がたくさん生まれたり、成人にも様々な被害が出たりして、その後遺症にいつまでも苦しめられる人が後を絶たなかったからです。

しかしここで私が強調したいことは、被害にあったベトナム人や少なからざるアメリカ人兵士もさることながら、この広大な亜熱帯地域に繁茂していた一面の樹木はもちろんのこと、そこに棲んでいた**ありとあらゆる動植物の命までを、アメリカ人が正しいと思う生き方を貫くために平気で巻き添えにしたことです。**これは先のバッファローの場合と同じく、**日本人には先ず思いつかない自然に対するなんとも恐ろしい態度だ**と言わざるをえません。

人間以外の「小さき命」にまで感謝する日本人の感性

日本では現在でも木を切るときは、お神酒を木の周りに撒いて木の精に許しを請う簡単な行事がいまだに残っています。また自分たちが生きるためにやむを得ず命を奪った、魚から鯨までのあらゆる生き物を、しかるべき時に供養し塚を立てるなどして、彼らの霊を慰める数多くの風俗や儀礼を日本人はもっています。

このことに関してまさかそこまでとはと、私ですら驚いた例があります。それは菌塚です。人間のために役立って死んだ目に見えない微生物の「小さき命」に感謝し、その霊をなぐさめる菌塚なるものが、京都比叡山の西麓にある名刹曼殊院《まんしゅいん》に建立されていたのです。この菌塚を建てられた元大和化成の社長笠坊武夫氏はこの菌塚建立にいたる経緯を次のように述べられています。

私の一生の仕事とした昭和初期の酵素工業は、いわゆる萌芽期というべきもので、そこには幾多の試練が横たわっていた。幸い近年学問の目覚ましい進歩により、新しい酵素が続々と開発されて、多くの分野に重要な役割を果たしていることは、よろこばしい限りである。しかしその光の陰にひそむために見えぬ無数億の夥しい微生物の犠牲にあまりにも無関心な人間の身勝手を反省し、菌恩の尊さを称えようと、私は比叡山の西麓、名刹曼殊院跡の霊地に菌塚を建立した。

そしてこの企てに当時日本の発酵学の泰斗であった、東京大学名誉教授の坂口謹一郎氏が全面的に賛同されて、この石塚に菌塚の文字を刻まれ、さらに祝言として

目にみえぬ　ちいさきいのち　いとほしみ
み寺にのこす　とわのいしぶみ

ほか二首の短歌を贈られています。

私は自分が年を取ってきて若いときには見過ごしていた日本人の、あらゆる生き物に対するこまやかな気持ちや気遣いが、だいぶ分かってきたような気がしていたのに、この菌塚の話を知って、まだまだ昔の日本人の優しい心の、ほんの一部しか分かっていないなと恥ずかしくなりました。私は以前、歩くとき小さな虫が目や口に飛び込まないようにとヴェールで顔を隠し、地面の虫を踏み殺さないようにと、箒で掃きながら歩くインドの敬虔なジャイナ教徒の話を聞いて驚いたことがありますが、日本人も負けてはいませんね。

日本には針供養、下駄供養そして人形供養といった、人の役に立って働いた無生物まで、その苦労をねぎらい、供養したうえで火葬（お焚き上げ）にするといったことが今でも各地に残っているのです。

さて次のヤブ蚊退治の事件は、私自身が身近に経験したことです。日本がアメリカとの戦争に負けて、いわゆる進駐軍が、空襲の被害を免れてわずかに残っている、東京都心の家屋や施設を次々と接収し始めたときのことでした。焼け残った私の家も接収の対象となり、ある日、一人の米軍士官が従卒と通訳を連れて調査に来たのです。土足で家中を見回った将校は、私の家は応接間を除くすべての部屋が日本間であるため接収を諦めましたが、応接間の洋家具だけにはどれも接収のラベルを貼って帰っていきました。こんな緊迫した社会的雰囲気の頃でしたから、これから述べるボウフラ騒ぎは、七十年近く経った今でもはっきりと記憶しています。

進駐軍が現在の東京港区の青山墓地下《ぼちした》に、今でもある大きな建物に通信基地を設けたとき、ここで働くようになった米兵たちから、近くの墓地から飛来するヤブ蚊の大群に悩まされるので、なんとかならないかという苦情が出たのです。そこで早速調査したところ、広大な墓地にあるおびただしい数の墓石の前にある、お花や線香を立てる穴に溜まった雨水に湧くボウフラが原因だとされました。

そこで進駐軍はただちにすべての穴にセメントを詰めて、水が溜まらないように塞げという命令を出したのです。このようにアメリカ人が自分たちにとって良くないと考えることに出会ったときにとる対策は、その原因を見付け出してすぐそれを徹底的に除去するという、きわめて直截合理的なものといえます。

これに反して日本人が伝統的に採ってきた対策は、常に自分たちを最小限の害敵の被害から守ることですから、ヤブ蚊に対しては、蚊いぶしを焚いて煙で嫌な蚊を追い払い、夜寝る時は蚊帳を吊って蚊を近づけないようにするなどという最小限の消極的防衛であって、徹底した積極攻撃ではなかったのです。

この違いを私は、「蚊**取り**線香型文明」と「蚊**遣り**線香型文明」の相違と呼んでいます。この自然に対する基本的な態度の違いは、パナマ運河建設の際にアメリカ人が取った、黄熱病とマラリア撲滅対策を改めて検討してみれば、いっそうよく理解できると思います。

着工以来三十数年もの歳月をかけて第一次世界大戦の始まった一九一四年にようやく開通したパナマ運河は、黄熱病とマラリアという、蚊の媒介する熱帯病との闘いに終始しました。この工事は初期の段階において、工事の関係者や労務者が短期間に二万人も死亡するなど、一時は工事の継続すら危ぶまれたのですが、これらの病気が蚊の媒介によることが分ってからというもの、徹底した蚊の絶滅作戦が進められました。

ありとあらゆる小さな水溜りは干し上げ、沼地は埋め立て、手に余る大きな水面には油を流し込んでボウフラが呼吸できないよう、水面に油膜を張る努力までしたのです。その結果罹病率が劇的に下がってついに運河は完成しました。

このパナマ運河掘削の成功はこれまでの人類の常識からすれば、人間の英知と努力が、自然の暴威に対して勝利した、人類史に残るもう一つの金字塔であることは間違いありません。しかしこのような人間による徹底した大規模な自然改造が、地球の全生態系に与える負の効果をも増大させる一方であることが判明している現在では、功罪の判断は大変難しいところです。

人間はもちろんのこと、すべての生物も何かしら他の生物の命を奪うことで、はじめて自分が命をつないでいくことができ、その自分もやがては死んで他の生物の命の糧となる循環構造の仕組みのなかでしか生きられません。そして人間は、この他者の命を奪うことによってのみ、自分が生きていかれるのだという仕組みに対して、悩み、苦しむという気持ちを持っている唯一の生物なのです。

これは、人間以外の生物がほとんどすべて本能で生きているのに、人間だけは本能に代わる知能で生きているため、そこから戦争という同種間の集団的な殺し合いや、近頃ますますその傾向の強くなった、個の生存を種の存続に優先させるといった、他の生物には見られない人間特有の行動が起こるのです。そしてまた本能ではなく知で生きるため、善悪正邪の倫理的判断、罪の意識、カルマ、原罪、救済などの問題が出てくることになります。
その結果として自分たちの信じる神こそ唯一無二の神だという信仰や、自分たちだけが神に選ばれた民族だという選民思想、そして我々こそは神の意志の地上における代理執行者だ（アメリカに強く見られるManifest Destinyの考え方）といった思い込みも生まれてくることになるのです。このような宗教的哲学的な問題を考えるためにも、どの文明の世界観がこれからの人類が最も安定して生きていくのに有効なのかを、互いに比較検討することが必要なのです。

注

1 「ヨーロッパの日本化こそが、いま緊急に求められている」EU-JAPAN Clubでの講演 Suzuki Takao:An Urgent Desideratum: De-Westernization of the West, delivered at the EU- JAPAN Club, SYMPOSIUM, February 8, 2001, in *Wisdom of East and West.*

2 その後徳川幕府の打ち出したキリシタン禁制に反抗する島原・天草の乱（一六三七年）がありましたが、これは宗教戦争というよりは、むしろ領主の過酷な年貢取立てに対する、農民一揆の性格が強いものだったようです。

3 「我は心に於て亜細亜東方の悪友を謝絶するものなり」（福沢諭吉『脱亜論』）

4 中華民国相手の支那事変も、結局は中国大陸の資源や権益を日本に取られたくない欧米列強が相手の戦でした。このことは、支那軍の飛行機のパイロットに多数の欧米人がいたことや、ビルマからのいわゆる援蔣ルートによる物資援助の実態によく表われていました。

5 実質的な内容は全く変わらないのに、一般には（国際法的には）植民地とは呼ばれていなかったものがあります。ソビエト連邦が崩壊した時、ロシア国内には過去の帝政ロシア時代に武力侵略して、自国の版図に取り込んだいくつもの異民族の領土がありました。これらは様々な名称で呼ばれていましたが、実態は植民地と変わらないもので、ソビエト連邦の解体時に、これらは一斉に独立国家共同体の名でロシアと対等な資格の国家群となりました。中国に今含まれているチベット、ウイグル、そして内モンゴルなども、国内植民地の性格を強く持っているので、いずれはいま述べたソ連邦解体後の独立国家共同体のような形になるのが、自然の流れだと思われます。

6 日本語のあまり知られていない底力は、古今東西の文明に属する、世界中の主な言語で書かれた知的言語作品（歴史、文学、科学そして哲学や宗教にいたるまで）の殆どが日本語に翻訳されているという事実です。英独仏のような強力な文化語でも、翻訳で読める範囲は日本語と比べて、はるかに限られています。ですから古今東西の人類のこれまで残した名作を、なるべく多く短い人生において読破したいと思う人は、日本語の読書力さえつければ、その目的を最も効率よく果たすことが出来るのです。このことは日本文学者のドナルド・キーン氏も指摘しています。

7 現在は各地の動物園や牧場などで飼養されていたものや、国立公園で保護されているものなどが増えて、総数は数十万頭にまで回復しているようです。

第七章　日本語は世界で唯一のテレビ型言語だ

科学の常識は常に正しいか――パプア族の食事の不思議

私が日本語で用いられている漢字のもつ特性や、日本語にとっての利点について外国で講演をするとき、よく使う枕があります。それはニューギニア高地にすむパプア族の食物についての、ちょっと信じられない不思議な話です。それはこの部族の人々の年間の食事は、サツマイモなどの植物質が実に九六・四パーセントを占め、他にはたいした物を食べていないことが調べてみてわかったのです。つまり彼らの食物には現代の栄養学では人間の健康に絶対不可欠な要素とされている動物性蛋白《たんぱく》質が殆ど含まれていないわけです。

そこでもしこの極端に偏《かたよ》った食事が原因で、パプア族の人々が現にひどく不健康な状態に置かれているのならば、何も驚く話ではないのですが、どういうわけかこの人たちは丈夫で、男の人はみな筋骨隆々としています。

このことを初めて聞き知った欧米の学者たちの反応は、このパプア族の人々は宗教上か何かの理由で、外部の人には見られないようこっそり隠れて、野生の豚などを時々捕って食べているのだろうというものでした。それなら別に何の不思議もないわけです。しかしその後一九七〇年に、オーストラリアのバーガーセンとヒスプレイが、このサツマイモだけを常食としているパプア族の糞便を調べ、空中の窒素ガスからタンパク質を合成する働きをするクレブシェラとエンテロバクターなどの細菌を、分離することに成功したのです。

つまりこれらの人々は、何とこれまでの科学の常識を破って、呼吸する際に吸った空気の一部を消化管に送り、大腸にすみ着いているこれらの細菌の力を借りて、空気に含まれている窒素を固定することで必要な蛋白質を摂《と》っていたのです。

これまでにも生物による空中窒素の固定は、マメ科の植物が根瘤《こんりゅう》バクテリアによって行っていることは古くから知られていましたが、人間、つまり動物までもこれを行っていたとは驚きでした。このことに関連して、日本の禅宗の多くの僧侶たちが、植物質の食事だけで健康に長寿を迎えているのも、もしかしたら空気中の窒素をパプア族のように利用している可能性があるとのことです。

私がこのことに関心をもったのは、もう三十年以上もまえに岩波新書の光岡知足《ともたり》著『腸内細菌の話』にあるこの話を読んでからですが、このテーマはその後も現在に至るまで日本の多くの研究者によって、色々な角度から研究が進められています。[注1・2]

さて皆さんはこの話が一体どこで漢字の問題に結びつくのかと思われるでしょうが、大いに関係があるのです。それはいわゆる一般に広く受け入れられている**科学的と言われる常識や因**

果関係が、いつも正しいとは限らないことを、このパプア族のエピソードがはっきりと示してくれるからです。つまりあらゆる迷信と偏見から解放されて物事を客観的に眺めることが出来るようになった筈の西欧の科学者でも、まだまだ彼ら自身が殆ど自覚すらしていない、自分たち西欧人の持っている文化や世界観に基づく、偏ったものの見方や先入主から完全には自由ではないのです。[注3]

このことは特に人文科学とか社会科学と呼ばれる**人間の社会の仕組みやあり方についての学問、そして人間そのものを扱う医学や薬学**の領域での知見に多く見られるものです。科学者たちが客観的だ、普遍的だなどというとき、その判断の前提あるいは根底には、しばしば隠れた、観察者や研究者の意識にさえ上らない、かれらに固有の文化的な偏見や思い込みが潜《ひそ》んでいることを、このパプア族の食習慣が長い間正当な評価を受けずに、疑いの目で見られていたことは教えてくれるのです。[注4]

ところで言語学や、心理学、哲学、社会学、宗教学、文学、法学、経済学、医学、薬学などには、いわゆる自然科学の分野の学問、たとえば数学や物理学、そして天文学や化学におけるような時空を超えた普遍性、客観性の強い学説がなく、**知見や定説が結構しばしば変わる**のは何故でしょうか。（一例をあげると私の若い頃は、盲腸は不要な器官だから暇なときに取っておくとよい、旅行中に炎症が起きたりすると大事になりかねないから、などと言われたものです。でもいつの間にか盲腸（虫垂）は大切な役目をする必要な器官だということになりました。

これなども常識で考えてみれば、人間の体に不要なものなどあるはずがなく、もし要らなければ、とっくに退化して消えているはずだとどうして考えなかったのでしょうか）

それは私の見るところ、一般に学問の研究対象が**人間から遠ざかれば遠ざかるほど**、その学問の持つ**客観的普遍性が増し**、反対に対象が人間に**近くなればなるほど**、学問は**不確実性を増す**ということがあるからなのです。

なぜかというと人間にとって一番分からないものは、結局自分自身だからです。天文学や数学、物理化学といった理科系の学問が対象とするものは、人間が地上に出現する遥か以前の悠久の昔から存在し、そして人間がたとえすべて滅んだ後でも、この宇宙のある限り存在し続けるものです。これらの学問の研究対象は人間に**依存するところが、全くか、あるいは殆どない**のです。

しかし文科系の学問が扱う対象は人間に関するものか、あるいは人間それ自身であるために、人間がいなくなれば学問の対象そのものも消滅してしまうという、人間あってのモノダネ的な、きわめて人間臭の強い、強く深く人間に依存して存在するものなのです。このように観察者と観察される対象がつながっていては、客観性など望むべくもありません。ですからこのような学問を、たとえ「人文」とか「人間」などという形容をつけたとしても、科学と呼ぶこと自体がそもそもおかしいのです。

科学とは何ぞや、人間とは何ぞや

文科系の学問の扱う問題は、**科学的には扱えないからこそ**面白くもあり、またそれだけに人間にとって最も切実なものを扱うことが広義の文科系の学問であるはずなのに、人々はいつのまにか科学的でなければ学問とは言えないという、科学を**万能で最も権威あるもの**に祭り上げてしまったのです。そこで多くの学者はこの近現代の科学信仰という名の新興宗教の虜《とりこ》になり、何とか自分たちの関わっている、**人間を対象とする学問まで**を科学的に見せようと思って、やたらと数式を使ったり統計学的な処理をしてみせたりするから、どんどん面白くなくなってしまうのです。

もちろん人間についての研究のすべてが、科学的には行えないと言っているわけではありません。部分的にはかなり細かいことまでしっかり解明されている分野や現象はいくらでもあります。化学や物理学が解明に成功した問題も少なくありません。しかし人間に関するすべての細かな問題がたとえ科学的に解明されても、それらを総合すれば人間全体の理解の道が開けるわけではないことを私は言っているのです。

たとえば芸術作品の人の心を打つ美しさや、我々がそれから受ける感動、あるいは恋愛という身近ではあるが何とも不思議な心理現象を、いくら科学的統計的に分析しても何も出てきません。そして大学とは本来は人間とは何ぞやを探求する場であって、もの作りは現場で行うものだったのです。

ところがどこの国でも現在はこの関係が逆転して、幅を利かすのは理工系、物理数学系、そして医学薬学系といった企業と密接な関係を持つ、成果の目に見える学問であり、純文科系である哲学倫理学や歴史文学などは、ただちに成果が社会に目に見える形で還元できるものでないだけに、あまり意気が上がらないようです。

しかし私は世界を、そして人間を、西欧の人々とは違った角度から見ることのできる日本人の文科系の学者研究者は今こそ、欧米の学問や学説をただ鵜呑みにするのではなく、これまで数世紀の間、ほとんど出番のなかった非西欧世界からの有力な発言者として、世界の問題や人類の進むべき方向について独自の見解や提案を発表すべきときだと考えるのです。

欧米言語学の持つ隠れた偏見

これまで高名な数多くの内外の学者知識人が、日本語における漢字に対して下した様々な否定的評価も、近代以降の膨大な科学的言語研究の蓄積の殆どが、実は**欧米人学者の手になるものであるために**、彼ら自身も気付いていない、彼らに固有の様々な文化的バイアスがかかっている可能性があると考えるべきものなのです。

そこでこの日本語の漢字問題を、難しい学問的な議論や先入主を離れ、誰でも理解できる常識的な問題として、改めて**日本人の立場にたって**考えてみると、どうなるでしょうか。そこにはまさに先に述べたパプア人の話に通じる、全く同じ性質の《思い込みの罠《わな》》があることが分かるのです。

その第一は漢字が時代遅れの、文字としては未発達の段階にある不完全な表記法だという思い込みです。確かに漢字の中には象形文字の名残を保持しているものも少なからずあるので、アルファベットのような進化を遂げた文字と比べれば、古代的な要素を残した文字組織だと言えます。

しかし肝心なことは、人類の様々な文字が古代から時系列的に、どのような道筋を通って変貌を遂げてきたかということと、どの段階の文字が、ある特定の言語を表記するのに都合がよいかということはまったく別の問題だということです。つまり文字の発達としては最終段階である単音表記型のローマ字が、数ある、しかも様々に性質を異にする人類の言語の全てにとって、便利で合理的な文字であるとは簡単には言えないのです。

特に日本語のような**全ての音節が、一つの子音と一つの母音との固い結合が基本**であるような言語では、ローマ字アルファベットといった、子音と母音をすべて分けて、しかも両者に等しい大きさを与えて書き表す単音表記の文字よりも、仮名のような、一つの子音と一つの母音の組み合わせを融合させて、一つの不可分の単位とする音節文字のほうが、表記の効率が遥かに高いからです。もし日本語の文章をローマ字で書くと、仮名で書いた場合の約一倍半から二倍の長さになってしまいます。

保守系文芸評論家として鋭い判断力を持っていた福田恆存《つねあり》は、多くの言語学の専門家たちが日本語のローマ字化を支持していることに対して、いち早くこの点をちゃんと次のように指摘していました。

また文字は何でも母韻と子韻との区別あるものがよいとは言へない。その区別を全く必要としない言語もある。日本語はその必要がなかつた故に、音節文字である仮名が発生したのである。その必要があつたならば、仮名文字が発生した時期に、母韻と子韻とに分けて表記することが当然行はれねばならなかつた筈である。[注5]

なぜ欧米語はローマ字で書くようになったのか

文字の歴史を振り返ってみると、後に人類の諸文明の中心の一つとなるような文明が最初に発生したのが、中近東から地中海地域でした。そしてこの地域の諸言語が、たまたま母音と子音の自由な結合を許すタイプのものであったため、単音表記は都合がよかったのです。このようにして出来たアルファベットを、現在の西欧諸語がギリシャやローマから受け継ぎました。そしてこの西欧語を用いる人々が、近現代において世界の覇者となったために、結果としてアルファベットが文字としては最も進化した最良の表記法だとされるようになっただけです。

このようなわけで、言語のタイプが全くちがう日本語は、アルファベットとは相性が悪いのです。日本語はこれらの言語に比べて**子音の独立性が極めて弱く、子音は必ず母音という支え**

というか後ろ盾がなければ、それだけでは言語音として存在できないのです。このことは音声学の訓練をしっかり受けていない普通の日本人にとっては、母音なしに子音だけを単独で発音することが大変に難しいということからも言えるのです。

ですから日本語にアルファベットを無理に導入して、子音を母音からいちいち切り離して表記するのは、全く無理でしかも無駄なことなのです。

でも読者の中には、仮名はさておき、漢字は何としても**発達の遅れた、不便でしかも数の多い煩雑な文字ではないか**と言われる方が多いかもしれません。

しかし私がいまだに漢字を否定的にみる人々に向かって、何よりも先ず訊きたいことは、すでに述べたことの繰り返しになりますが、どうして近代日本はその悪い漢字をともかくも棄てずに使い続けながら、わずか百年余りの間に、遅れた極東の一小国から世界の**経済技術超大国の一員**にまでなることが出来たのかということです。しかも近代日本の、世界が驚く驚異的な進歩発展をもたらした日本人は、部分的な漢字制限を含む文字改革が戦後に行われる以前の、旧い、今よりさらに煩雑な漢字と、発音と表記の乖離《かいり》の甚だしい旧仮名使いの教育を受けて育った人々なのです。[注6]

これはまさに元気で健康に溢れて暮らしているパプアの人々を見て、サツマイモばかり食べていると健康に良いはずはないと思った欧米の学者たちと同様、漢字は遅れた文字で社会の進歩発展を妨げるはずだという考えが、実はドグマ、つまり《正しくない思い込み》であることに気付かず、目前のあるがままの現実、つまり日本が立派に発展したという事実と漢字が悪魔の文字であるということが、両立できないことに気が付かないだけです。何も身にまとっていない裸の王様を見て、「王様は裸だ！」と言えたのは、一切の余計な思惑や先入主に囚われない、幼い子供だったことを思い出してください。

漢字の持つ視覚的弁別力

それではこの欧米の言語学が見落とした漢字の隠れた働きとは一体何でしょうか。

それは、日本人はその言語活動の重要な部分において、音声という**聴覚的**刺激だけではなく、漢字という文字のもつ**視覚的**刺激をも併せて伝達に利用する、世界の他の言語には見られないきわめて独特の仕組みを活用しているというものなのです。これが私の《**日本語は世界で唯一のテレビ型言語だ**》という主張の根拠なのです。[注7]

でもそれならば同じく漢字を使う現代中国語も日本語と同様に視覚効果を利用するテレビ型ではないかという疑問が出されると思いますが、古代中国語は別として、一字一音の原則のもとに、表記の簡略化と複合漢字語が多用される現在の普通話《プートンホワ》では、意外にも視覚依存が日本語と比べてはるかに少なく済《す》んでいるのです。本書ではこれ以上詳しく立ち入ることはしませんが、要するに現代中国語には、日本語に山ほどある同音（異義）語や同音漢字が殆ど存在しません。ですから文字の映像にあまり依存することが無くて済むのです。

さて、さきほど日本語には「音声面での持ち駒が乏しく、宿命的な制約がある」と述べました。このことをもう少し具体的にお話ししたいと思います。

日本語は世界の文明語の中でも、音声の持ち駒が二十三と少なく、これはフランス語の音韻数三十六、ドイツ語の三十九、そして英語の音韻数四十五と比べれば、かなり音の変化が乏しいタイプの言語なのです。

しかもこのように持ち駒、つまり音の種類が少ないだけでなく、さらにその組み合わせ方まで大変に窮屈《きゅうくつ》な規則に縛られているのです。これが、日本語の持つ言わば宿命的な性質と関係があります。

たとえば語頭、つまり言葉の始めに二つ、あるいはそれ以上の子音が並ぶことは許されません。また「ん」と書かれる撥音以外の子音で言葉を終わることもできませんから、**使いやすく伝達効率の高い、単音節からなる**〈**短い語**〉の数がとても限られてしまい、音声だけでは複雑な伝達が、とても長たらしく扱いにくくなってしまうのです。

このことは料理の品数と使える素材の種類の豊富さとの関係で考えてみれば直ぐ分かります。例えば同じ品数の料理を作る必要がある場合、三十種類もの素材が使えるときと、それが僅か十種類に限られている場合を比べてみてください。

素材の種類が限られているときは、同じ材料が多くの違った料理のあちこちに顔を出すことは避けられませんから、この料理はさっきのとどこが違うのか、区別できないなどと言われてしまいます。でも素材の種類が豊富ならば、同じ素材の重複を気にせずにまったく違った料理を沢山作れるのです。

　このことを言語の場合で言えば、使える音の種類、言ってみれば素材が限られていて、しかも料理法、つまり音の組み合わせ方も自由度の乏しい日本語では、違いのはっきりしない同じような料理、すなわち**互いに区別し難い同音語（同音異義語）がやたらと出来てしまう**ということを意味します。

　この弱点と言うか欠点を特に現代の日本語は、漢字の持つ字形、つまり視覚に訴える識別の手がかりをも利用することで克服しているのです。

　日本語で普通に用いられている漢字の多くには、音の等しい同音漢字がそれこそ何十とありますが、当然それらは字形が相互に異なるので、耳だけでなく目も併せて使うことで、同音であっても相互を区別することができます。そしてたとえ耳だけで聞いたときでも、それぞれの音に対応する**おおよその文字の形が記憶されていれば**、この音はあの字だなと前後の文脈の助けで、ほとんどの場合誤解なく話が通じるのです。

　このように日本語の漢字は音声と字面《じづら》が組み合わさった複合体として、今述べたように元々音声の持ち駒が極端に少ない上に、その組み合わせまでがきつく制限されている、つまり音声言語としては変化の幅がきわめて乏しい日本語のもつ宿命を、実に巧く補い、日本語を世界のどの言語にも引けをとらない、効率のよい言語へと高めるのに大変な働きをしているのです。[注8]

日本語否定論、日本語放棄論はなぜ起こったか

既に触れたように明治以来日本の多くの知識人は、漢字だけでなく自分たちの母語である日本語そのものまでを劣等言語であるとして、大幅な改良を加えるか、それともいっそ思い切って優れた西洋の言語に置き換える必要があると主張して止みませんでした。

そしてこのように考えたことの主な原因は、明治の開国後、欧米から日本に輸入された近代的な諸学問それ自体が、すぐ後で述べるように真《しん》に客観的な普遍性をもつものではなく、当然のことながら西洋文明を中心あるいは頂点に置く、偏った世界観が根底にあるものだったからです。ですから言語学も例外ではありませんでした。

現代の言語学は近代になってヨーロッパ諸国で急速な発達を遂げた比較言語学にその殆どが由来します。この学問は世界の様々な言語の系統、比喩的に言えば互いの「親戚関係」を明らかにすることを目指すものです。その手法は主として言語の音声が様々な言語でどのような道筋を通って、今あるような形に変化したかを、各地に残された色々な古い言語資料（粘土板、石の記念碑、貨幣、そしてパピルスや羊皮紙に残された文字など）の分析から明らかにすることでした。

この手法によって今では世界中の言語が、大きくいくつかの系統にまとめられ、私たち日本人の多くが外国語として明治以来学校などで親しんできた英語、フランス語、そしてドイツ語

などのヨーロッパの諸言語、そして歴史的にも日本に馴染みの深いポルトガル語、オランダ語、更にはロシア語などまでも、すべて系統上はお互いが親戚関係にあって、これらは究極的には一つの語族、つまりたがいに歴史的なつながりを持った大きな一つのまとまり、一般にはインド・ヨーロッパ語族と呼ばれるものに属する言語であることが分かったのです。

そして欧米の学者知識人はつい前世紀の始め頃までは、この語族が人類の言語のうちで最も進歩したものという考えを持っていたのです。それには次のような理由がありました。

ヨーロッパでは一四世紀頃からイタリアの諸都市を中心として、南に広がる高度な文化を既に持つイスラーム文化圏との接触が盛んになり、ルネッサンス時代として知られる様々な芸術の花が咲くと同時に、学問も急速に進み、あらゆる技術も長足の進歩を遂げました。これ以後のヨーロッパは**中世の暗黒時代**との対比で、よく**明るく輝ける知性の時代**などと言われます。しかしこれはヨーロッパ人の立場からの一方的で手前勝手な命名で、人類全体から見るとこれはどうみても客観的な事実とは言えません。

私たちは学校の世界史で**大航海時代**の話を聞いたことがあると思います。イタリア生まれのコロンブスが、当時のスペインを治めていたイサベル女王の援助の下に、大変な苦労を味わいながら遂に大西洋の横断に成功して、後のアメリカ大陸の「発見」に繋がるサン・サルヴァドルの島に一四九二年に到着したのです[注9]。

そしてこのことが、それまで暖かくて産物豊かな地域をすべてイスラーム文化の超大国オスマントルコに抑《おさ》えられていたため、高緯度の寒くて資源の乏しい、狭隘《きょうあい》で生産性の低い土地に閉じ込められていたヨーロッパ人が、一挙に全世界的な規模での爆発的な進出を始めるきっかけとなりました。

このようにして始まった大航海時代とは、その名称から受けるロマンティックな印象とは裏腹に、人類がそれまでもそれ以後も経験したことが無いほどの、非人道的な大量殺戮《さつりく》を伴う時代の幕開けに他なりません。地球規模で、白人によるアフリカ大陸の黒人や、南北アメリカ大陸に以前から住んでいたモンゴロイド系先住民の虐殺がこの時から展開されたのです。少し遅れて発見されたオーストラリアやタスマニアなどでは、原住民たちは人間ではなく動物とみなされて、狩り（man-hunting）の対象とされたほどでした。

この白人によるほぼ全世界における、むき出しの暴力による征服が成功したことによって、白人は人間として最も進歩した段階に達していて、他のいかなる人種よりも強く賢いのだという**白色人種優越論**が生まれることになったのです。そして、一九世紀半ばにチャールズ・ダーウィンが発表した生物進化論を、前にも述べたように英国の社会学者ハーバート・スペンサーなどが当時の人種間に見られた**力の相違**を説明する原理として拡張的に用いたのです。

この考えは言語を含む文化や宗教にも当てはめられ、あらゆる点で優れているヨーロッパの文化文明の担《にな》い手であるヨーロッパの言語は、人間の言語の中で最も進歩した言語なのだという主張がなされるまでに至りました。

そこでシナ語に見られるような、個々のことば（単語）の相互の関係を示す道具立てが、はっきりと形式化されていないタイプの言語は孤立語、そしてトルコ語や日本語のような主要な語と語の関係を表わす要素が、語の後ろに次々と付け加えられてゆく型の言語は膠着《こうちゃく》語として分類され、最も進歩発達したタイプはヨーロッパの諸言語のように、語と語の関係は主として個々の語が語尾を変化屈折させることで示される仕組みになっている屈折語だ、という主張がなされたのです。

したがって明治期に輸入された言語学も、西洋的なるものの全てを、人類文明の進歩発達の基準とする見方の例外ではありませんでした。その典型的な一例として、金田一京助(一八八二〜一九七一)という著名な言語学者の発言を次に示しましょう。アイヌの言語や文化の研究家として不朽の業績を上げられ、文化勲章まで受けられた方ですが、その論文「女性語と敬語」(『増補国語研究』、八雲書林、一九四三年)の中で次のように述べておられます。

吾々《われわれ》の国語には、(精緻を極めた敬語の)外《ほか》には、西洋諸国語に比して誇るに足るものがない。名詞に、格も数も性もなし、動詞に、人称も時も数もないのである。

つまり日本語は西欧の諸言語と比べると、まるで六無斎的な、誇るべき道具立てのなにもない、発達の遅れた言語だと嘆かれているのです。[注10]

私は明治から昭和の前半頃までの日本の言語学者をも含む多くの知識人たちが、このように漢字を遅れた文字として排斥《はいせき》したり、更には日本語そのものまでも、どちらかといえば遅れた劣等言語と思い込んだことを、現在の発展した日本の立場から、批判したり糾弾《きゅうだん》したりするつもりは全くありません。なにしろ今の若い人は聞いたこともないでしょうが、戦争前までは「日本は世界の一等国を目指すのだ」とよく言われたのも、西欧諸国を頂点とする世界の国々の序列階層において、日本は多くの面でまだまだ低い地位を占めていることを、日本人自身もはっきりと自覚していたからです。

しかし、世界の言語の驚くべき多様性についての知識が容易に手に入るようになった今でも、依然として日本語は駄目な言語だとか、漢字は遅れた文字だ、という考えを棄てきれずにいる学者は、学問的に間違っているというより、子供でも判る目の前の事実の良し悪しを、西欧的であるか無いかの基準でしか見ることのできない曲学阿世《きょくがくあせい》の徒にほかならないと思うのです。

日本語になぜ同音語が多いのか

いま世界に六千種もあると言われている人間の言語のうち、日本語はいわゆる同音異義の言葉、つまり音声形態がまったく等しいのに意味が違う二つ、あるいはそれ以上の語（例、私立／市立、化学者／科学者、彗星／水星、思案／試案／私案、仮説／仮設／架設など）の多さでは恐らく一番だと思います。恐らくといったのは私が自分ですべての言語に当たったわけでもなく、またそのような研究論文を見たわけでもないからです。

ではなぜそう言えるのかといえば、ローマ字に限らず、何らかの表音文字を使っている言語では、それを書き表す文字がどのような種類のものであっても、後で説明するようなよほどの特別例外的な場合を除いては、同音語というものは本来的に存在できないからです。つまり、音《おと》（音声）だけで言葉、つまり単語が成り立っている言語では、二つ、あるいはそれ以上の言葉は、どこかがちょっとでも音声的に違わなければ、異なった意味をもつことが出来ないのです。

ですから日本語は一体どのような言語ですかと外国の人に聞かれたとき、何はさておき**同音異義の言葉がとても多い言語です**と、半ば冗談に答えても決して嘘ではありません。そしてこのような沢山の同音語を、ごく普通の人たちが日常の言語生活で、**さしたる混乱も不便もなく使えている**ことの訳《わけ》は、発音は同じでも別々の漢字が用いられているからだということを、言語学者ならずとも日本人なら誰でも薄々《うすうす》知っているからです。

例えば《しりつ／しりつ》、《かがくしゃ／かがくしゃ》、《すいせい／すいせい》でも、その漢字表記が異なりさえすれば、これらはどちらもちゃんとした日本語として、学問の世界では勿論、言葉を主として口頭で用いる日常生活の中でさえ、良く使われる普通の語彙《ごい》として立派に存在できます。

このような伝達行為は、音声だけではなく、音声に文字（画像）という視覚的刺激が加わって成立していることは明らかです。まさにこのことが《日本語は（ラジオではなく）テレビ型の言語だ》と私が言うことの意味なのです。なおこのあたりの議論は、すでに私が四十年も前に出版した『閉された言語・日本語の世界』で詳しく扱ったこととかなり重複することをお断りしておきます。

外国語には同音語がほとんどない

実は今述べた日本語における《かがく（科学）／かがく（化学）》のような、意味が近いために、場合によっては混同のおそれのある同音異義語は、すくなくともヨーロッパ語では存在し得ないことを初めて明らかにした人は、フランスのJ・ジリエロンという学者でした。この人は一九世紀後半において言語地理学の基礎作りに大きな貢献をした人ですが、フランスのガスコーニュ地方の農村における語彙の歴史的変化の調査から、同音衝突《homonymic collision》回避の原理とでも呼ぶべき面白い事実を発見したのです。

それは同一の思考領域に属する、それぞれ違った語形（つまり音形）と意味をもっていた全く別の二つの語が、音韻変化が起こって語形が同じになりそうになると、どちらか一方の語が自然と使われなくなることで、もし同形となれば起こりかねない意味の衝突や混同が、事前に回避されるというものです。

このやや抽象的な言葉で表わされていることを、ジリエロン自身の用いた具体的な例で説明しましょう。彼はガスコーニュ地方の農村には、どういうわけか、昔から使われてきた雄鶏《おんどり》を表わすgallusという語がいつしか使われなくなっていて、その代わりに《雉《きじ》》という《鶏《にわとり》》

に近い鳥を指す言葉か、あるいは《叙任司祭》つまり牧師という語が用いられていることに気付いたのです。そこで調べて分ったことは、この地方では猫を指す後期ラテン語に由来するcattusが、すでに変化してgatとなっていて、そこに新たに起こった音韻変化〔ll→t〕によって、雄鶏を指すgallusも*gatとなるところだったのです。（言葉の前に付ける*印は、実際には存在しない語形を示すために用いられる記号です）

しかし猫がすでにgatであるところへ、雄鶏までが*gatと同じ音形の言葉になられては、農村の日常生活という同一の思考領域のなかで、しばしばでてくる猫と鶏の区別がつかなくなって、混乱が生まれることは避けられません。そこでこの困った同音衝突を未然に回避する知恵が働いて、雄鶏のことを鶏に近くてよく似ている《雉《きじ》》という言葉で言い替えたり、あるいは牧師が女性の信者に囲まれて何かと世話をする様子が、雌鳥の群れをいつも周りに従えている雄鶏の姿を思わせるために、《雄鶏》の言い換えとして《司祭》という言葉が使われたりするようになったというのです。

しかし日本語では狭い学問領域の中においてですら、専門の学者研究者たちだけが使う用語のなかには、音声だけでは相互に区別できない用語が、それでも同音衝突を起こさずにかなり使われているだけでなく、なんと同音衝突を承知の上で新しく作られたりもするのです。

それは言葉を使う人々の間に、一般人以上にどの漢字が使われているかの意識が、はっきりとあるからです。同音語を聞いた場合人々がこれはあの漢字だな、こちらはこの漢字だなと頭のなかで漢字の映像を思い浮かべることが出来るときは、日本語では同音衝突は起こらないのです。だから日本語の言語伝達は、まさに聴覚と視覚の両方を同時に使うテレビ型でなされているというのです。

同一の思考領域、これを今後は《同一の文脈》ということにしますが、同一文脈のなかでの、古くからあって今でも使われている同音語のいくつかの例を挙げると、数学の用語である整数と正数や、植物学での紅葉、黄葉そして硬葉（オリーブなど）などがあります。この植物学用語の場合は、戦後の漢字制限のために、古くから使われていた広い葉を言う「闊葉《かつよう》」の《闊》という漢字が使えなくなって、意味の近い広葉という言葉を新しく作ったために、今では（こうよう）という同一の音をもつ紅葉／黄葉／硬葉／広葉と四つもの同音語があることになりました。そして何かでどの（こうよう）かがわからないときは、ベニとか黄色のコウだなどと説明することで、実際に起こっている同音衝突を乗り切っているわけです。

私は以上説明したような日本語での同一近似の文脈におこる同音語は、大雑把に言って次のような四つのグループにまとめられると考えています。

その第一は同じ概念領域に含まれる上位語と下位語の関係にある同音語です。

たとえば先に挙げた化学は科学の一部であり、憲法の前文は憲法の全文の一部です。火事で重要な書類が焼失したのは消失の一形態であると言えます。これらの同音語は聞いただけではどちらかが分からなかったり、取り違えたりすることがあるにもかかわらず、これら同音語の一方が使われなくなることはありません。それはやはり違う漢字が用いられているためです。

そしてこのことは後のグループすべてに言えることです。もし日本語を仮名かローマ字のような表音文字だけにすれば、このような同音語は当然すべて存在できなくなります。でも、もしそうなったら、問題はたとえば現在〔ゼン〕と発音されている漢字（それは私の小型のワープロでも、全、前、善、漸、禅、膳、然、喘、繕、蟬と十種ありますが、辞書としては小さいほうの現代漢語例解辞典では約四十）のほとんどすべてを含む、同音語だけでなくいわゆる数え切れない漢字語のすべてをも、日本語の語彙から追放しなくてはならないという大変に大きな語彙改革、つまり語彙の大改造、再編成へと広がっていくことを覚悟しなければならないのです。つまり同音漢字の存在が同音語に限らず、すべて耳で聞いただけでは良く分からない語彙の後ろにあるからです。

けんあん（懸案）と聞いたときに、この〔けん〕が懸垂（鉄棒にぶら下がる）や懸崖（菊）の〔けん〕で、他に沢山ある〔けん〕、それは私のワープロで約五十もありますが、それらではないことが多くの人になんとなく分かっているからあまり問題がないのですが、漢字がなくなればこのような言葉も使えなくなるのです。なにしろ〔ケン〕という簡単な音声記号に何十という異なった意味を担わせることなど不可能だからです。漢字を使っているからこそ、たとえば見当、見解、検討、検事、検査、拳闘、健闘、堅持、堅固、権利と続けても、この〔ケン〕はあの漢字だなと、たとえその字を正確には書けなくても、大体の形が頭に浮かぶ、つまり映像の助けで決定できる仕組みになっています。

第二のグループは類似した概念を表わす同音語です。たとえば学校や病院などの経営主体を区別する私立と市立、上水と浄水、民族学と民俗学、想像力と創造力、読唇術と読心術、彗星と水星、水の処理に関する配水と排水、そして廃水などです。産業名には製菓、製靴、青果そして生花などがあります。

第三のグループは対立または反対概念を示すものです。排外思想と拝外思想、給水車と吸水車、配水管と排水管、そして好天と荒天、受賞と授賞などがあります。

第四のグループとしては、ある限定された思考あるいは対象領域に属する、つまり同一の文脈で起こりうるもので、鳥類と蝶類、国家と国歌そして国花、校旗と校規そして校紀、資料と試料そして史料、重症と重傷、幹事と監事、禁猟と禁漁、研修員と検収員、予言と預言などがあります。

漢字語は音声と文字表記の複合体

以上挙げたような同音語のほとんどは、恐らく自然に出来たものだと思います。自然にというのは、わざと同音語にしようと誰かが意図して作ったわけではなく、ある現象や事物を新しく命名するとき、対象の性質をうまく表すと思われる漢字を選んで言葉を作ったところ、結果としてそれが同じ学問の中や、類似の概念の領域中にすでに存在している、別の言葉と同音語になってしまったのだろうということです。

たとえば前に述べたように、闊葉樹の言い換えとしての〔広葉樹〕は、〔紅葉樹〕より明らかにずっと後に出来た言葉なのですが、この新しい言葉を作った植物学者は、使えなくなった闊葉の代わりに広という漢字を選ぶ際に、〔広葉〕としたのでは、紅葉または黄葉、更には硬葉と同音語になってしまうことなど、あまり意識しなかったと思います。

なぜかというと、違う漢字が用いられていればたとえ読み方が同じでも、別の言葉だということは、これまでの日本人の常識なのですから。ということは、日本人にとって漢字語は、音声だけではなく、どのような字で書かれているのかが重要だということです。

このことを言い換えると、**漢字語においては音声は語の一部でしかなく、それに文字の映像が加わった時、初めて完全な独立した一語になる**ということです。このことを概念的に示したのが次の図です。

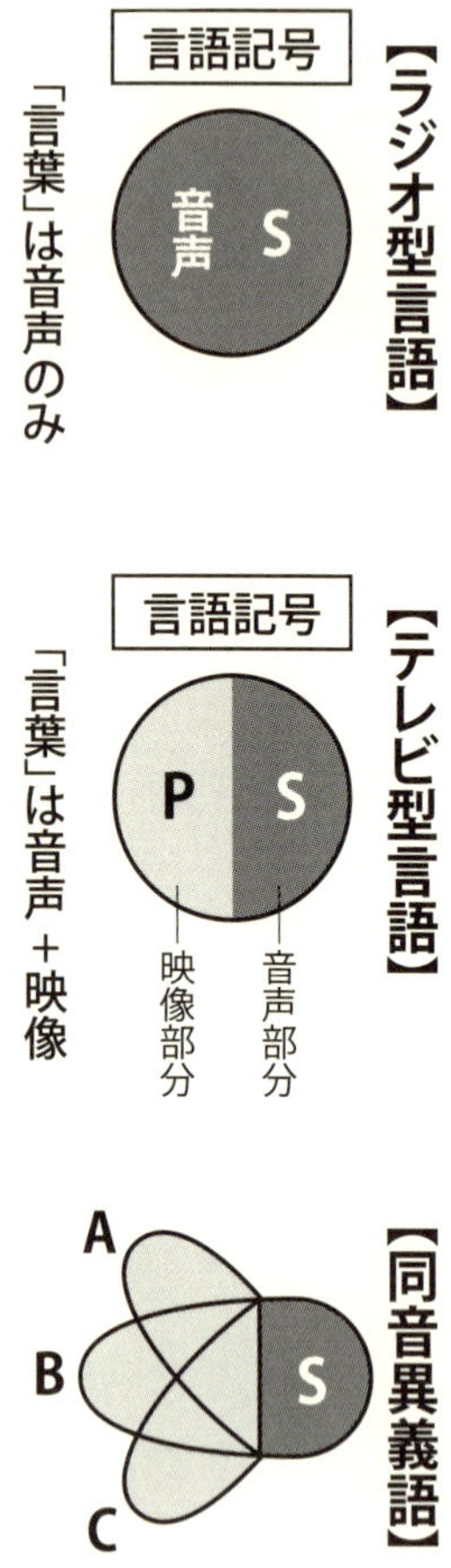

このようなわけですから、広葉樹と紅葉樹は読み方〔音声形態〕が同じでも、映像形態の部

分が違っているから日本人の意識では完全に別の言葉なのです。しかし表音文字のみで書かれる英語などの場合は、音声が言葉のすべてで、言葉は音声だけですでに完結していなければならないのであって、それをどのような文字で書くかは、確かに多くのアメリカ構造言語学者が主張したようにあまり重要でないのです。ですから同一近似の文脈において意味の紛らわしい同音語は、音声だけが頼りの言語では原則として存在できないわけです。

いま新語を作る人が意図したわけではないのに、結果として同音語になってしまった例として**こうよう**を挙げましたが、実はこれとは反対に同音になることをわざと狙って、新しく言葉を作る場合も日本では結構あるのです。

たとえば東京に豊島園という遊園地がありますが、その中に大きな池があって、色々と水の流れを利用した仕組みで、人々が楽しく遊べるように作られていました。ですからこの池は初め遊園**池**と名付けられたのです。同じような例として、私はある観光地のなかにあるお城に入るための切符売り場に、入場料ではなく入**城**料いくらと表示してあるのを見たことがあります。このような名称を見たとき、私たちはなるほど（にゅうじょう）は（にゅうじょう）でもこの場合は入城か、と妙に感心したりするものです。

また明らかに笑いを取るための意図した同音語もあります。

今は廃れたようですが、何かの娯楽的な集まりで、司会者が出場者に向けた質問の答えが正解でなかった場合、司会者が「ごめいとう」と言ってそれが御**名**答ではなく御**迷**答であることを匂わせ、会場がどっと沸くといったこともありました。日本人は普通の会話のなかでも、語呂合わせや親父ギャグといった言葉遊びが好きですが、ここでも同音を利用したしゃれなどが良く聞かれます。日本の文芸に古くから見られる掛詞も、ある意味では同音語あるいはそれに近い響きを持った言葉同士のつながりを利用する技巧だと言えましょう。

同音衝突回避法

日本人が同音衝突を回避または解消する一番普通のやり方は、戸惑った人が「それはどんな字を書くのですか?」と相手に尋ねることです。

聞かれた方は手のひらに字を書いて示したり、別の同音漢字に言及して曖昧さを解消したりします。たとえば戦前は身分の高い華族《かぞく》（公、侯、伯、子、男）の上位の二つが困ったことに同音語であったので、間違っては大変なことになる公爵と侯爵とを区別するため、下々では前者を（公《きみ》コウ）、後者を（候《そうろう》コウ）と言い分けていました。候は侯爵の侯とよく似た形の同音漢字で、この候の字は戦前では庶民にとっても何かと身近な漢字だったからと思われます。私が子供の頃、毎週家に来られた父の書道のお弟子さんたちの中には、華族さんたちが多かったため、だれそれさんはキミコウだ、いやソウロウコウだといった話をよく耳にしたものです。

またテレビやラジオのアナウンサーがニュースなどで、今でもシアンといってから、試みの案ですとか、私の案ですなどと注を加えることがよくあります。このような例を見て誰でも思うことは、一々言い換えたり面倒臭い説明をするのなら、いっそ別の言い方に変えたらすっきりするのに、ということです。

でも中々そうはならないのは何故かというと、その答えはやはり、違った漢字を使っているから別の言葉だという意識があるためだと思います。〔かわうち〕とか〔かわもと〕と発音する苗字があって、これらは人により川と書いたり河と書いたりします。どちらも語源的にはふたつのかわに挟まれた土地のことですが、このような名を聞いた人は、たいてい「どっちのカワですか、三本川のほうですか」などと訊きますね。

以上のことから出てくる結論を、次に述べます。

漢字仮名混じり文は効率がよい

私たち日本人が話をしたり、ラジオを聞いたりするときは、言葉、特に漢字語の場合、普通はその言葉の片方、つまり音声の側だけを利用しています。これはちょうどテレビを画面は見ないで、音声だけで聞いているようなものです。そして同音語が出てくると、聞いている人は前後の文脈や発話の状況などから、用いられていると思われる漢字の映像をほとんど無意識に、頭の中であれかな、これかなと吟味《ぎんみ》して正しい言葉を推定しているのです。これはまさにワープロなどで日本語の文章を打つとき、仮名またはローマ字で入力した漢字語の音声形式を、どの漢字に対応させるかを画面に次々と出てくる漢字（語）のなかから適切なものを選択して決定する作業と同じなのです。

このように書くと、漢字を使うために私たちはなにやら大変に面倒なことをやっているように聞こえます。でも大変か大変でないかはわかりませんが、とにかくこれを平均的な、特に**語学の天才でもない普通の日本人が毎日ごく普通に、**しかも多くの場合無意識にやってのけているのです。

このようなことを、だから日本語は曖昧で困る、もっと明晰《めいせき》な言語にしなければ云々といった日本語を改良する必要性の根拠にする人がいますが、私はそうは思いません。何故かというと、日常生活のなかで、このような曖昧さによる誤解や混乱がたとえ起きたとしても、それによって人々の暮らしや日本の政治や経済が大きなダメージを受けたりすることが、少なくとも**これまではない**からです。

同音語による誤解や行き違いの多くは、私たちが少し驚いたり気まずい思いをしたりする程度のもので、社会生活の効率をひどく下げたり、人々の生活の根幹を揺るがすような大きな問題を引き起こしたりはしていないからです。

このことは同音語に限らず、漢字全般の功罪についてもいえることです。たしかに漢字には漢字反対派の人々が指摘するような、いくつもの欠点があることは私も認めますが、大切なことはそのような欠点を含んだ上で、それでも漢字仮名混じりの表記法を採っている日本語の**全体としての効率が極めて高い**という、誰も否定できない事実があるということです。細かく部分的に見ればいろいろと欠点もあり不合理なところもあるが、全体としては巧く動いているという状態が、精密機械ではない人間の社会、政治、文化といった制度の巧いあり方で、細かいところまで全部きっちりと辻褄《つじつま》を合わせようとすると、かえって全体の動きが巧く行かなくなるのです。

この意味で私は言語学、特に言語社会学は、通常の意味での科学ではない、科学という狭い特定の前提と視野に立つ学問分野ではないことをいつも強調しています。人間にとって本当に重要なこと大切なことは、いわゆる厳密な自然科学的手法では扱いきれない、もっと複雑で奥深いものだということを忘れてはならないと思うのです。

漢字の読み方に日本式の訓読みがあることが日本語を救った

現在日本語に使われている漢字の大多数には、誰でも知っているように音読みと訓読みという二通りの違った読み方があります。この音読み訓読みとは何かと言うと、大雑把に言って漢字が昔中国大陸から日本にもたらされたときに、たとえば水という漢字は、あちらでの発音は「スイ」で、この字の意味するものは日本語の「みず」のことですと説明したのが、この漢字の音と訓として定着したのです。

このようなわけですから、たとえば倫、凜、そして麟のように、当時の日本にそれに対応する事物や概念のなかった漢字の場合は、今でも普通は音読みだけしかなかったりするわけです。また後になって日本人が日本独特の漢字を沢山作るようになりましたが、これらの漢字には当然音読みがありません。これら日本で作られた漢字は国字と呼ばれ、古いものでは峠、裃、畑、

榊、躾などが有名で、明治以後につくられた新しい漢字には鞄や働などがあります。[注11]

でも大抵の漢字の場合は音と訓の両方があって、火と言う字は音読みが［カ］で訓読みは［ひ］、風の字は［フウ］と［かぜ］、草は［ソウ］と［くさ］、道は［ドウ］と［みち］といった具合に、同じ漢字を二通りの違った読み方で読む二重読みが日本で生まれたのです。

ところで古代の中国から漢字を受け入れた国は、日本以外にも朝鮮、ベトナムなどいくつもありますが、日本のように可能な限りすべての漢字に、音読みに加えて訓読みも持つようになった国は他にありません。そのわけは中国大陸に次々と現れた漢字を使う強大国と日本との関係が、一度も宗主国と植民地、あるいは属国や衛星国といった直接の支配従属の関係となることがなかったからです。これには日本と大陸を隔てる海が、簡単には越えることを許さなかったという事情が大きく関係していました。

したがって形だけは冊封《さくほう》体制のようでありながら、日本と大陸の間には一度も大規模な双方向の人的交流がなく、いつも日本側から優れた文物を求めての少数の人材派遣といった、一方通行的な関係に終始したことに原因があるのです。

そのため日本国内では、あちらの言葉を外国人を相手にそのままそっくり日本人が使って学問や仕事をしたりする機会は、ごく少数の日本に渡来した仏教の僧侶とか学者との交流を除けば殆どなく、漢字や漢文は**日本人の先生が日本語で説明をし**ながら教え、**日本人の生徒が日本語で質問する**のですから、なにかと漢字の日本式の読み方である訓の出番が多くなったわけです。

また日本語とは語順の異なる漢文を、頭から読み下すのではなく、レ点や上、中、下と言った記号を用いて、日本語の語順に直して読むといった日本独特の解読技術を工夫することができたのも、外国語の学習が殆ど外国人抜きであったからこそ生まれたものと言えるでしょう。

これはちょうど明治以来の英文の読解法の中に、同じ関係代名詞 that を場合によって、訳し上がったり訳し下がったりするのと同じで、明治初期にお雇い外国人が比較的多かった一時期を除くと、英語は日本人の留学経験者などが、日本人の弟子や生徒に日本語を使って教えるわけですから、外国人を介さない間接的な外国語の学習となったわけです。

以上のような日本特有の歴史的事情で生まれた、本来は外国語である漢字をめぐって、それを**あちら式**に読む音読みと、**こちら式**に読む訓読みが広範囲に併存するという奇妙な言語習慣は、見方を変えると**同一概念の二重音声化**という、世界でも珍しい現象だと言うことができます。[注12] そしてこのことが日本語において漢字が果たす役割と、日本と同様に漢字を自国の言語のなかに取り入れた国々でのその働きが、結果として大きく違うことになった理由なのです。

しかし、このように自分の言語の中に優れた文化を持つ古代の**文明語**から、様々な言語要素を取り込むこと自体は、世界的に見て珍しいことでなく、西欧諸語の場合は古代ギリシャ語や古典ラテン語のいろいろな造語要素が、かなり広範に取り入れられています。また東南アジアの諸言語には古代の中国語（漢文）からの数多くの抽象的な概念やさまざまな事物の名称がはいりこんでおり、そして南アジアの多くの言語には古代インド文明のサンスクリットからの借用語や影響が強くみられます。中近東のトルコ語やペルシャ語といったイスラーム文明の影響を大きく受けた言語には、古典アラビア語の影響がはっきりと見られます。

ただ日本語以外の言語の場合では、このようにして取り入れられた古代文明語の要素は、受け入れ言語にある土着の語彙との対比対応が、これらの古代語を意識的に学んだ一部の知識人以外の一般の人々には、日常よく使う平易な言葉は別として、あまりよく理解できなかったり、自信を持って使うことがためらわれたりして、親しみのない、どちらかと言うと近づき難い**高級な語彙**になっていることが多いのです。

訓がない英語では古典語要素を含む高級語彙は雲の上のことば

私がこのことに初めて気づいたのは、今から三十数年も前にアメリカのイェール大学で「日本語の漢字にはどうして音と訓などという、二通りの異なった読み方があるのか」についての講演を行った時でした。黒板に私が日本語で猿人と書いて、その右側にエンジンと小さく音読みを書き左側にさるひとと訓読みを書いて、次に英語でpithecanthrope《ピセカントロープ》と大書して話を始めたところ、前列に座っていた学生の一人が、その英語の単語は何という意味かと質問したのです。

私は日本なら中学生でも知っていると思われる、人類の祖先にあたる猿人（ピテカントロプス）のことを、アメリカの一流大学の学生がまさか知らないなどとは夢にも思っていなかったので、あわててそこにいた数十人の教授、研究者、そして学生たちに、誰か知っていますかと問いかけたところ、なんと驚いたことに誰も知らなかったのです。この私の講演会はいわゆる文科系の人々を対象にしたものでしたから、人類学などに関係のある人がいなくても当然なのですが、それにしても pithecanthrope という言葉の字面《じづら》から類推して、「当らずと言えども遠からず」の理解がなぜできないのでしょうか。

その答えは英語の中に取り入れられている、日本語の漢字（語）に相当する古典ギリシャ語やラテン語は平易な英語で**訓読みできない**からです。日本語の場合なら、もし猿人という言葉をそれまで知らなかった人でも、黒板に書かれた漢字を見れば、エン、さる、ジン、ひと、さるひと、エンジンなどと言っているうちに、さるみたいな人、人みたいなさるだから、もしかしたら大昔の人間の先祖のことかなといった具合に、答えに近づくことがあってもおかしくないのです。

英語でサルは monkey または ape で、日本猿のように尾のある猿がモンキー、尾のない大型のチンパンジーやゴリラのようなサルはエイプと区別されています。そこで英語の中にあるギリシャ語由来のサルを意味する pithec- を、もし普通の身近な英語で monkey とか ape などと読む言語習慣、つまり訓読みが英語国にあれば、そしてまた anthrope も man と場合によっては読むようなことがあれば、たとえ pithecanthrope という言葉を初めて見た人でも、これはすぐ【ape + man】だと理解することができるわけです。

しかし音だけを表すローマ字（それがたとえギリシャ文字であっても同じですが）で表記さ

れている英語では pithec- と ape を結びつけるものが何もないのですから、この二つはそれぞれ別個に覚えなければならないのです。ところが一般の人はギリシャ語やラテン語のような古典語をわざわざ学んだりしませんから、結果として pithecanthrope のような言葉は、誰にでも読めるローマ字で書いてあるのに、何が何だか全く見当がつかない人が出てくるのです。

そして仕事上、このような古典語に由来する述語や専門語を多く使っている専門家や学者ですらも、自分の学問領域内でよく使われる古典語由来の用語ならば、当然のことながらその意味を完全に理解していますが、自分に関係のない学問分野の専門語となると、先に述べた大学院の学生や文科系の研究者たちのように、意外なほど理解できなくなるのです。

ところが表意（表語）文字である漢字を、文明語要素として多用する日本語の場合は、この漢字という元来は馴染みのない外国語の造語要素にたいする日本語の意味を、その漢字の訓読みという形で、文字（漢字）に言わば貼り付けてしまっているわけですから、猿人という言葉を初めて見た人でも、造語要素である猿と人のそれぞれの訓読みを手掛かりとして頭を巡らせ、正解（に近いもの）に到達できるのです。

私はこのイェール大学での偶然の**発見**に味をしめて、後日英国のケンブリッジ大学の二つのコレッジに、客員フェローとして半年ほど滞在する機会を得たとき、今度は意識的に大勢のフェローたちを相手に、彼らが自分の**専門以外の学問領域**でもちいられている、古典語要素からなる用語や術語を、どれほど理解できるのかを**ひそかに**調査しました。[注13]

たとえばある英文学の教授と、コレッジの庭園を美しく飾っている花木の中には、かつて日本や中国からもたらされたものがとても多いという話をしているとき、私がわざと使ったgymnosperm（裸子植物）とかangiosperm（被子植物）のような植物学用語は、この先生には何の事か分かりませんでしたし、温室の中にたまたまあったphalaenopsis《ファレノプシス》（胡蝶蘭）の鉢に付けてあった名札を指して、これギリシャ語でどういう意味だったかなと忘れたふりをして訊ねると、分からないというのです。ギリシャ語やラテン語の文学作品なら、多くを原語でそらんじているような学者でも、専門外の植物の名前のギリシャ語はだめなのです[注14]。

また別のロシア文学の先生と仲良くなって、毎日のように庭園の池の傍のベンチに腰かけて、私の好きなトルストイやツルゲーネフの作品について色々と質問したりしていました。ある寒い日のことでしたが、話が目の前の池に浮かんでいるハクチョウやカモが、氷の上で裸足《はだし》でよく寒くないねといった話になったとき、私が哺乳類以外の動物は皆すべてpoikilothermal（変温性）なのに、唯一鳥類だけが哺乳類並みにhomoiothermal（恒温性）だからだろうかといった話をしたのです。するとこの先生が、そのpoikiloなんとかと言うのは何だねと言われたのです。この先生もやはり専門外のギリシャ語は苦手のようだなと私は思いました。日本語の場合は、これらの用語に用いられている漢字を訓読みすることで、話の文脈から大体の意味の見当がつくのです。

長くなるのでこの話はこの辺でやめますが、要するに、英語のやや専門的な知的語彙の中には、かなり沢山の古典ギリシャ・ラテン語からの造語要素が含まれているのですが、これらのほとんどはこれらの人々の母語である英語とは、どこから見ても無関係であるために、語彙としての安定度がかなり低いということです。だから庶民は言うまでもなく、かなりの知識人であっても、あまり自分の専門と関係のない領域や違う学問分野で用いられる古典造語要素からなる専門語は、よく理解できないことがしばしばあるということです。

そしてその理由は、重要なことなので繰り返しますが、日本語の場合と違って、英語に取り入れられている古典ギリシャ語やラテン語には、日本語の漢字のように**訓読み**がないから、古典語を学んだ人でなければ取りつく島がないためだというのが私の結論です。

ところが日本語の場合は漢字（語）で表される、もともと日本語にはなかった様々な概念が、訓読みという、いわば「外国語の手引き」のお蔭で、当たらずといえども遠からず、その意味を察することが出来るために、漢字がそれとは気づかれないうちに日本人の知的生活のレベルを高める働きをしているのだと、私は考えています。

たとえば葉緑素という言葉を**初めて**耳にした人は、一瞬何の事かと思うかもしれません。でも書いたものを見れば、「は、みどり、もと」と古典語要素である漢字を訓読み、つまり日本語で読んで大よその意味の見当がつきます。ですから葉緑素という言葉を、はたして専門語と言ってよいかためらうほど、この言葉は一般に広く使われています。

しかし英語の葉緑素 chlorophyll《クロロフィル》ではこうはいかないのです。普通の庶民は学校の理科の時間にすでに習ってでもいれば別ですが、この単語を初めて見て直ぐわかる人はまずいません。

その理由は、自分たちが日常使う英語のどれとも全く似ていないし、理解するための手がかりがどこにもないからです。もし誰か物知りがいて chloro-《クロロ》 の部分は green の意味で、phyll《フィル》 は leaf を指すギリシャ語だから、chlorophyll は全体で green-leaf の意味で、植物の葉っぱの緑の成分をいう学術用語だと教えてくれても、これを聞いた多くの人は、こんな面倒くさいことを、いつまでも覚えていられません。しかもこの chloro- を含む言葉は、日常語ではかつて麻酔薬としてよく用いられていたクロロフォルムなどの一、二の薬品名の他にまずありませんから、この chloro- が緑だという記憶を保つのは容易ではありません。phyll の場合も同様です。

しかしここでも日本語の場合は違うのです。緑という漢字の映像が目に入れば、同時にリョクという音やみどりという訓が耳に聞こえたりして、この三者の関連や結びつきがそのたびに再確認され強化されるのですから、忘れたくとも忘れようがないのです。

以上述べてきたように、漢字という文字は音訓二重読みという日本語独特のしくみのおかげで、日本語の感性的特質や言葉遊びの面白さ、総じて日本語・日本文明の力の源となっていることを、私はあらためて強調したいと思います。

注

1 「パプアニューギニアの高地に住む人々の低タンパク食適応における腸内細菌叢の役割」、代表者、東京慈恵会医科大学医学部講師、岩瀬忠行、研究期間、二〇一〇～二〇一一年

2 「パプアニューギニア高地人がサツマイモを食べて筋肉質になるのはなぜか」代表者、東京大学准教授、梅崎昌裕、研究期間、二〇一〇～二〇一三年

3 鈴木孝夫「人間にとって分かること分からないこと」日本歯科医学会大会講演要旨、『あぽろにあ21』一九九四年、八月号

4 よく野蛮だとか非衛生的だとして話題になる、以前はエスキモー（生肉を食べるやつという意味の蔑称）の名で呼ばれた、北極圏に広く棲むアジア系の原住民たちの、ほとんど生肉のみの食生活なども、新鮮な植物質の食べ物がほとんど手に入らない北極圏という環境に彼らが適応したものなのです。生肉には新鮮な血液が多量に含まれていて、この血液をそのまま摂取することでビタミンCをはじめとする必要なものを摂っていたのです。しかも肉だけでなくいろいろな内臓や脳、そして皮膚に巣食う寄生虫の蛹までも食べるので、野菜不足はかなり補われていました。ところが初期の欧米の極地探検隊員が、同行した現地民たちは健康なのに彼らだけがしばしば弱って死亡者がでたりしたのは、獲ったアザラシなどの肉を現地民のように生で食べるのを嫌がって、煮たり焼いたりして熱を加えるため、大切なビタミンCなどが分解され失われてしまって壊血病などにかかってしまうからなのです。「郷に入っては郷に従え」とはこのようなことを指していたのかもしれません。

5 福田恆存『国語問題論争史』六〇頁、新潮社、一九六二年

6 この点では現在の英語は日本語に負けず劣らず、表記と発音との乖離《かいり》が、フランス語と並んで非常に大きい言語なのです。ですからこれらの言語を母語とする人々にとって、言葉を正しく書くということは、我々が想像できないほど大変に難しいことなのです。簡単なアルファベットを覚えてしまえば、後は何でも読めて書くことができるなどと多くのローマ字論者が主張したことは、全く事実ではありません。

7 この点に関しての詳しい説明は、鈴木孝夫『日本語と外国語』岩波新書、一九九〇年にあります。

8 このことは日本語よりも音声的にはるかに恵まれている韓国語でも、漢字の使用を廃止して三十年が経ち、まったく漢字を知らない世代が社会的に活動するようになってきたため、様々な問題が表面化してきたことが参考になると私は思います。今韓国では漢字を知っていた世代の人が想像もしなかったような誤解や混乱が起こり始めて、有力新聞の「朝鮮日報」では大きくこの問題を取り上げ、果して漢字を追放したことが良かったかの議論を含む特集記事まで組んでいます。（「朝鮮日報」二〇一四年新年特集および同年二月一日記事など）

9 「発見」という言葉それ自体が、ヨーロッパ人の自己中心的な世界観に基づいているわけで、アメリカ大陸には二万年も前からモンゴロイド系の人々がユーラシア大陸から移り住んでいたという事実を、偏見なしに受け止めれば、

「コロンブスはヨーロッパ人として初めて足を踏み入れた」などの表現に変えるべきでしょう。

10 林子平《はやししへい》（一七三八〜一七九三）は、日本の海防の必要を説いた著作『海国兵談』が発売禁止となり、版木をお上に没収されたとき、「親も無し妻無し子無し版木無し　金も無ければ死にたくも無し」と詠み、自らを自嘲して六無斎と号しました。

11 エッコ・オバタ・ライマン『日本人の作った漢字』南雲堂、一九九〇年は、国字とは何かを理解する上で大変に有益な読み易い研究書です。

12 同一概念の二重音声化は英語やフランス語にも全くないわけではありません。たとえば英語で何か実例を挙げるとき、論文などでは e. g. と書くことがありますが、この省略記号はラテン語の exempli gratia という二語の、それぞれの頭文字をとったものです。そしてこの記号は時により元のラテン語式に読まれたり、あるいはその意味をとって英語で for example と読まれたりするので、一つの記号が異なった二つの言語で読まれるという意味では、日本の漢字（記号）の音訓二重読みと同じ性質のものだと言えます。

　このようなものは i. e.（すなわち）が id est とラテン語風に読まれたり、あるいは英語で that is と読まれたりするほか、etc. と書いて etcetera がエトセトラと文字通り読まれたり、または and so forth と意味をとって読まれることがあるなど、まだいくつかの例はあります。フランス語の例は煩雑になるので省略します。このような問題に興味のある方は私の『日本語と外国語』岩波新書に詳しく書いてあります。

13 「ケンブリッジで見たこと考えたこと」鈴木孝夫『教養としての言語学　鈴木孝夫著作集6』岩波書店、二〇〇〇年に収録されています。

14 余談ですがこの phalaenopsis に含まれている phalaena と言う語は、鯨と蛾という互いに似ても似つかない二つの意味をもつことで、古来多くの欧米の古典学者を悩ませてきた古代ギリシャ語ですが、私はその解決策を次の論文で発表した思い出深い言葉です。

　鈴木孝夫「ギリシャ語の *φάλλαινα* の語源に関する一考察」『慶応義塾大学言語文化研究所紀要』第二十一号、一九八九年、この論文は『鈴木孝夫　言語文化学ノート』大修館書店、一九九八年に再録されています。

第八章　なぜ世界には現在六千種もの異なった言語があるのだろうか

国際共通語が欲しいという願い

隣の国や遠く離れた場所に行くと、そこで話されている言葉が違うということは、大昔からとても不便なことと考えられてきました。このことは近代になって、様々な交通手段の発達に伴う諸国間の人的交流が飛躍的に増大するにつれて、以前にも増した切実さを持って受け止められるようになったのです。特にこのことは比較的狭い地域に互いに言語の異なった数多くの、しかも強力なライバル国家が犇《ひしめ》き合うヨーロッパ大陸で、問題となりました。それは度重なる戦争や、それに伴う多くの国際的な話し合い、数々の条約を初めとする国家間の重要な取り決めなどを行う際などに、互いの言語が違うことが、しばしば大きな問題を引き起こす原因となったからです。

このようなときに、もしすべての人々が同じ言葉を話すことが出来れば、どんなにか便利で、その上言語が違うための相互理解の欠如から起こる、深刻な対立や戦争などもかなり防げるのではといった、今で言う国際共通語に対する希求の念が高まるのは当然でした。そこで言語学者を初めとする多くの人々が、誰でも簡単に学べて、しかも使いやすい国際語の開発に挑戦し始めたのです。

このような試みの最も有名で現在でも力を失っていないものが、ポーランドの医師ザメンホフ（Zamenhof）が一八八七年に考案したエスペラント（Esperanto）であることはよく知られていますが、そのほか今でも人々の記憶に残っているものだけでも、ノヴィアル、ヴォラピューク、インターリングアなどを初めとして、かなりの数のものがありました。注1

ところが様々な理由でこのような国際共通語を新たに人工的に作って、それを世界に広めようという動きはいつしか下火となり、むしろ現在ではこの人間言語の種類が多いという問題は、なんとも思いがけないことに、非常に限られた数の**有力な自然言語**が、沢山の弱小言語を圧殺吸収するという方向で、かなり解消されかかっているのです。

というのも今現在、英語、フランス語、ロシア語、スペイン語、ポルトガル語、アラビア語、そして中国語といった使用者数の多い大言語が、宗教、文化、経済、そして軍事などの点で強大な支配力を持っている国や地域においては、そこに残存する弱小言語の話者たちにとっては、彼らの望む文化的な生活や経済の向上を手にするために、これらの大言語を習得しそれを使いこなすことが、絶対の条件となってきているからです。

そしてこれら少数民族の人々に固有な文化や言語の保持継承は、次代を担う子供たちの教育に当然全てがかかっているのですが、その教育が現地の少数言語によって行われることはまず不可能なのが現状です。シベリアの僻地やアマゾンの奥地に隔離状態で住んでいる人々、また南米の高山地帯に住む原住民族や太平洋の孤島を住処とする人々は、たとえ学校があっても、そこでは現地語ではなくロシア語またはポルトガル語、スペイン語、あるいは英語かフランス語で授業が行われる学校に通うしか、進んだ知識や技術を身につけるすべがなく、またそうしなければまともな暮しができないからです。ですからどこでも少数民族の言語は、継承者減少の傾向が止まらず衰退する一方なのです。

また国内に五十を超す漢族以外の様々な言語を話す民族を抱える中国では、このところ国内の統一を図るために共通語としての「中国語」の普及が急速に進められています。その結果、使用者数が少ないがために、もはや存続の危ぶまれている民族語も少なくありません。

また使用者数がたとえ六百万と比較的多くても、チベット語のように政治的な理由で、中国語への強力な同化政策に曝《さら》されている民族語の運命も楽観できないものがあります。同様に中央アジアの広大な地域に広がるウイグル族の言語ウイグル語（現在は話者数約七百万）も、この地域への急速な漢族の流入が今の調子で続けば、近い将来には地域的優先言語としての地位が揺らぐ可能性があります。

そして今のところ経済的にも文化の点でも最も強力な、英語という言語の世界的な普及によって、すでに完全に消滅したり、ピジン化、あるいはクレオール化したりして独自性を失ってしまった言語は、数え切れないほどあります。[注2]

このような事情が、いま世界に約六千種もあるといわれている多種多様な言語の半数もが、今世紀末には地球上から消えてしまうだろうといわれている主な理由なのです。

すでに触れたように、私たちの住むこの地球では、人間というただ一種の生物の度外れな活動のために、人間以外の野生の動植物の多様性の消滅、つまり種の絶滅が、恐ろしいほどの速さで進んでいますが、実は今述べたように**人間世界の内側でも**、様々な民族の持つ地域的な特色、すなわち言語や文化の多様性は激減の一途を突き進んでいるのです。

そこで今このように地球上の人類をも含めた全生物圏で、様々なレベルにおいてこのように多様性が急速に減少している情況は、果たして歓迎すべきことなのか、それとも人類の健全な存続にとっては困ったことなのかを次に考えてみることにしましょう。

衝撃吸収装置としての言語・文化

考えてみれば当たり前のことですが、人間以外のすべての動植物は、自分を取り巻く環境に、自分の体を**直接曝《さら》して生きています**。そのためもし環境が変われば、その新しい環境に適応できるようにと、いま持っている体の形状や性質自体を**変化変容させなければ、生き延びることができないのです**。ところがもしそれに成功した場合には、**元の種とは様々な点で異なった別種の生物になってしまうのです**。

たとえば日本ではごく普通の草でしかない菊の類は、アフリカの最高峰であるキリマンジャロの麓の乾燥地帯では、ちょっと見ると巨大な柱サボテンかなと思うほど、茎が一面棘《とげ》に覆われた、まさに砂漠でみるサボテンの仲間のような形をしているのです。花を詳しく見なければ、これが日本の菊の仲間だとは誰も思いません。

この菊は太古の昔に、日本の菊と同じ先祖から分れたものが、この地の過酷な風土条件に適応して、水分の蒸散を少なくするため皮をサボテンのように厚く硬く変化させ、動物に食われないようにと葉の変形した棘を一面に生やし、しかも根は少ない水分を求めて、地下深く何メートルにもわたって広がっているのです。

つまり自由には動けない植物が、環境の変化に順応して生き延びてゆくためには、自分の体の形や性質そのものを変えることが必要なのです。そしてこのように新たな環境に適応することに成功した時には、元の仲間とは性質や姿かたちの全く違う別の種に分化してしまうのです。

このことは動物の場合でも起こっています。元来は一種だった南米大陸のあるフィンチ（小鳥の一種）が、大昔大陸から遥か彼方に位置するガラパゴス諸島に偶然漂着したとき、硬い木の実の多い島にたどり着いたフィンチは、それを噛み砕くための太くて硬い嘴《くちばし》を徐々に発達させ、反対に柔らかい果実や虫などが豊富な島に住み着いたものの嘴は、それを食べるに適した細身の嘴となっています。また樹皮の下や細い割れ目などに潜む虫などを掘り出して食べるようになったフィンチは、細くて長い嘴をもつように変化しているのです。このようにして元は一種だったものが、今では十四種もの、それぞれ独特の形態変化を遂げたダーウィンフィンチ類に分化してしまっているのです。

このように一般の生物は、もし性質の異なる様々な環境に分布が広がった場合には、生き延びるために行く先々で出会う新しい環境に順応して、それぞれが自らの体や性質を変化変形させてしまう結果、元々の**種の同一性**（specific identity）が失われ、互いに別の生物種に分化してしまうのです。

ところで我々人間は、現在南極大陸を除くすべての大陸の、あらゆる異なった環境条件の下で生活しています。極寒の北極圏にも人間は住んでいますし、灼熱の砂漠という極度の乾燥地帯や、それとは反対の極めて雨量の多い雲霧林にも人類は分布しています。また周りを海で囲まれた絶海の孤島に住み着いている人々もいるのです。それなのに一体どうして人間という生物だけは、このように極端に異なる環境の下に広がっても、どこでも**同じ人間としてあまり変化せずに**生きていくことが出来るのでしょうか。もしかしたら人間という生物は体のどこかに、他の生物には見られない、体や性質が変化変容することを妨げる、何か独特な平衡維持（ホメオスタシス）を司る器官でも持っているのでしょうか。

そうではありません。私の考えでは、**人間だけが他の生物とは違って、自分の体を環境に直接曝していないから**、が答えです。人間は他の全ての生物のようには、環境に密着して生きていないからなのです。

以上のことを簡単にまとめると、一般の生物は環境との関係が直接であるために、常に自分を取り巻く環境の変化に巧く適合するようにと、自分の体や性質を少しずつ変化変形させて生きているのだということになります。ところが人間という生物だけは、他の生物のように自分の体や性質を環境の変化に応じて変化させることをせずに、環境と自分との間に**『文化』という名の言わば中間地帯を介在させ、この中間地帯を自然環境の変化に応じて変化変形させる**、つまり自然環境の変化をそれに吸収させることで、自分自身は環境の変化を直接には受けずに生き延びていく生物なのです。だから人間は甚だしく異なった環境に分かれて住むようになっても、体や性質はそれほど変化せずに済んでいるのです。

その代わり人間を取り巻くこの文化という中間地帯の形状や性質は、住む地域の様々な条件に応じて変化変貌しなければならないために、結果として世界には、多種多様な相互に異なる『文化』が必然的に存在することになるのです。

中間地帯としての文化

ここで私が用いたこの中間地帯という概念は、ドイツの言語学者レオ・ワイスゲルバー(Leo Weisgerber、一八九九〜一九八五)がかつて用いた中間世界〈Zwischenwelt〉という概念からヒントを得て私が考え出した新しいものです。『文化』を「世界」ではなく地帯(zone)と考えることにより、国際関係で用いられる緩衝地帯(buffer zone)や緩衝国(état tampon)などの場合のように、利害を異にする二つの国が直接接触することによって生まれる、衝突や軋轢を回避する仕組みに見立てる見方が、『文化』の意味をさらによく説明できると考えたからです。

この**中間地帯としての文化**とは、文化人類学において、〈広義の文化〉と言われるものとほぼ同じです。そこにはどんなものが含まれるのかを具体的にあげますと、第一は食物を加工し食べやすくするための『道具』『火』の使用、そして寒さを防ぐための『衣服』、さらには雨露を防ぐための何らかの構造物、つまり『家』などです。

石や金属の刃物があれば、動物のように、獲物に直接嚙み付いて肉や骨を嚙み砕くための丈夫な牙や歯を持つ必要はありませんし、何らかの動物を殺して、その皮で体を覆うことができれば、一般の動物がするように長い毛を体に生やすことで、寒さを防がなくともよくなります。さらに言語を使うことなども、人間を他の生物とは異なった特殊な生物にしている重要な文化の要素です。

なかでも言語は道具や衣服と違って、触ったり目に見えたりするものではありませんが、環境からの刺激や情報を人間が感知した結果を処理し、そのことを仲間に伝えることで、肉体的には強靭さを欠く人間が、集団的に協力して様々な環境にうまく対処することに役立っています。この文化にはさらに各民族集団に特有の風俗習慣、儀礼や宗教など様々なものが含まれますが、これらが生物としての人間を言わばすっぽりと包んで覆い、自然環境との間にあって環境の直接の影響から人間を守っていると考えるのです。したがって言語や風俗習慣、そして宗教までが、住む場所の環境によって違わざるを得ないのです。

人間がどこでも同じ人間であるのは『文化』という衝撃緩衝装置のおかげ

この文化という中間地帯（あるいは領域 domain と言ってもよいと思いますが）は視点を変えると、人間と自然環境との間に介在して、環境の影響を人間が直接まともに受けないようにするための、言わば外界からの**衝撃を緩衝したり吸収したりする**一種の装置（ショック・アブソーバー）の役目を果たしていると考えることができます。そしてこの装置のおかげで、全生物の中で**人間という生物一種だけが、自分自身の体の性質や形をそれほど変えずに**、地球上のあらゆる異なった自然環境、たとえばすべてが凍《い》てつく極北の地から炎熱酷暑の熱帯まで、さらには極度に乾燥した草木のほとんどない砂漠地帯から、すべてが正反対の熱帯雨林にまで分布を広げながら、それでも種としての同一性を失うほどの性質や形状の変化を示さずに済んでいるのです。

先に述べたように、人間以外の一般の生物は、環境が変化すればそれに適応するために、自分の体を新しい環境に合わせて変えることで、生き残りを図ります。〈水は方円の器に従う〉と言われるように、水は注ぎ入れられた容器の形を素早く自分の形としますが、これと同じように一般の生物はまさに新しい環境に出会うと、それにピタッと合うように自分の体や性質を変えることで、生き残りを図るのです。これに対し人間だけは自分を変えずに、〈自分を取り巻く文化〉を新しい環境に合うように変化させることで対応します。その結果として地球上の様々な異なる環境の下に、人間は自分自身の体や性質をあまり変えることなく、結果としてどこでも同じ人間として生き残ってきたのです。

このように生態学的に文化をとらえる考えは今まで提出されたことのない、文化がもつ人間にとっての働きの新しい解釈ですから、もう少し詳しく説明しましょう。

たとえば自動車の車輪は、一般には空気を詰めたゴムのチューブが中に収められている弾力のあるタイヤが、路面の凹凸などから受ける衝撃をうまく吸収して、車に乗っている人の体に衝撃がもろに伝わらないように作られた装置です。そして更にこの車輪そのものまでが、さらに強力な板バネ（またはコイル・スプリング）やダンパーと呼ばれる、油圧を利用した衝撃吸収装置との組み合わせを介して、車体に取り付けられているので、道路条件がいろいろと変化しても、車内の人は常に快適な状態を保つことが出来るのです。

これと同じような仕組みを持つ特殊な装置を、人間は体の周りに張り巡らしているのだと考えてください。このような、自然環境からの様々な刺激や衝撃を和らげたり吸収したりして、それを人間の体に直接に伝えず吸収してくれる一種の衝撃吸収・緩衝装置に包まれ守られているからこそ、人間は他の動植物とは違って、大きく異なった環境条件の下に広がって住むようになっても、それぞれが人間として元々持っている、生物の種《しゅ》としての同一性を失うことがないのです。

その代わり、このような役目を担うことになった『文化』は、人間が異なる自然環境に住むようになれば、それに対応して人間を変化から守るために、**それ自体が常に変化変容せざるを得なくなります**。そして文化の主要な部分を占める言語も、当然自然環境の違いを受け止め処理すべく変貌します。ですから人間の言語のもつ驚くほどの多様性とは、住居や衣服の違いや風俗習慣、そして宗教の違い、また食べ物の種類や調理法の違いなどと組み合わさって、人間が地球上の、環境条件を甚だしく異にするどんな場所に住んでも、ほぼ同じ人間であり続けることを担保する重要な役割を果すものなのです。

ただし人間の言語が持つ様々な**音声や文法**の違いを、直ちに人々の住む環境や風土条件の違いに結びつけて、明快に説明することは現段階では残念ながらできません。しかし用いられる**語彙の種類や性質に限れば、これらの違いは**人々の住む環境と密接に関係し、その違いを反映していることはよく知られている事実です。

たとえば北極圏で雪と氷に一年中囲まれて生活している狩猟民族の使う言語には、それぞれ違った性質や特徴を持っている氷や雪の、部外者の目には僅かな違いとしか映らない性質の相違が人々の暮らしの安全や必要に大きく関わっているため、このような細かな違いは非常に多くの短い独立語で正確に言い分けられています。

ところが日本では冬だけ寒く時々雪が降るような場所でも、雪や氷についての独立語は、氷、つらら、雪、みぞれなどに限られていて、さらに細かい違いを表現したいときは、粉雪、綿雪などの複合語を用いたり、べとべとした雪とか、さらさらした雪といったように説明したりします。このような言い方で用が足りるということは、たくさんの短い独立語ですべてが区別できる言語の場合に比べて、雪が持つ暮らしにおける切実さが少ないと言えるのです。
ですから文化人類学者は、ある言語の語彙のすべてを概観すれば、その言語を用いている人々がどのような風土条件のもとで、何をどのように食べ、家畜にどの程度依存して暮しているかといったようなことを、大雑把ではありますが、頭に描くことができるのです。このことが、言語は「ある人々の暮らしの概略を示す見取り図である」などと言われたりする理由です。

以上述べたような『文化』のもつ**調節機能**のおかげで、人間それ自体は、**どのような自然環境に置かれようとも**、互いに同じ人間であり続けるという、生物としては極めて特殊例外的な存在となっているのです。
もちろん人間の場合でも、皮膚の色が太陽光の弱い寒帯か、それとも日差しの強烈な熱帯かによって異なるための結果として生じた、白人か黒人かといった、いわゆる「人種」の違いはこれまでも区別されてきましたし、我々日本人も含まれるアジア大陸に広く住む人々の皮膚は黄色だといった相違は確かにあります。また鼻の形や体毛の多寡、更には体形などにもかなりの、環境による地域差が見られることは否定できません。また更に細かく見れば、赤血球の形の違い、腸内細菌や各種酵素の有無といった様々な違いが、住む場所の違う「人種」間にはみられます。[注3]
しかしそれでもこれらの違いは、このような人々が互いに結婚した場合でも、完全な生殖能力を持った子孫を、何代にもわたって作り続けることの妨げにはならないのです。つまり生物学的な妊性は保持されつづけているのです。

　また六千種もある多様な人間言語のどれでも、それを幼児期に学習すれば、たとえいま説明したような「人種」の違いがあっても、誰でも完全に習得できることなどからも、人間の言語は見かけの大きな相違にもかかわらず、基本的には同じと考えられています。この点でも人間は生物の種としての同一性を失ってはいないと言えるのです[注4]。

　つまり人間が環境から受けた部分的な変化は、生物学で言うところの、種より一段レベルの低い亜種の違いに留まっていて、人間という生物の**種の同一性**を損なうまでには至っていないのです。

　このように人間の言語・文化が一体となって、異なった環境の影響を処理吸収してくれるおかげで、それに包まれた人間は、どこでもほぼ同一な人間であり続けることが出来るということを、概念図によって示したものをここに掲げておきました。

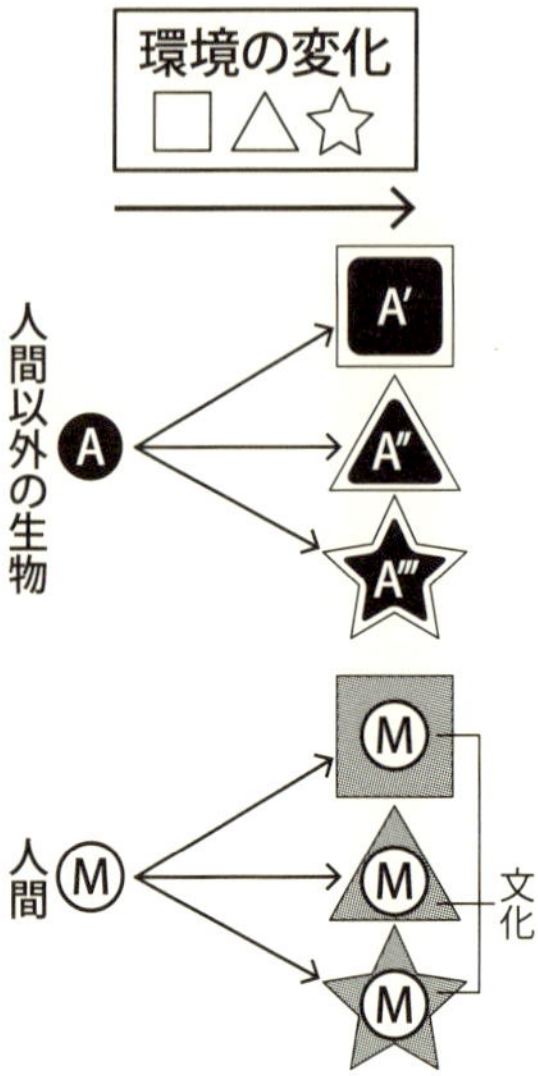

文化の相違（多様性）の減少は危険信号だ

したがって現在あらゆる人間生活の領域で、グローバリゼーションの名の下に急速に進行している、世界の各地域間に見られる様々な経済格差や異なった食文化をも含む文化的相違を、可能な限り少なくしようとする動きは、その目標とする人間生活のあり方の収斂《しゅうれん》先が、西欧文明、特にアメリカ型の家畜文化をその基盤においた「弊害のきわめて多い膨大な化石エネルギー使用を前提とする生き方」であるだけに、好ましいこととはいえません。

これまでは人類の文化が各地の異なった環境に合わせて多様であったからこそ、あらゆる性質の違う自然環境に分布を広げても、人類が人間としての同一性を失わずに今日まで続いてこられた訳ですから、今のように世界のどこでも変わらない同質の生き方、つまり同じ文化を広めようとすれば、それを人為的に無理に支えるためのエネルギー消費がますます増大することは避けられません。その上、生物界に広く見られる**棲み分け**による、多種多様な資源の有効利用の範囲や効率も、必然的に減ることになります。これはどうみても望ましいことではありません。

たとえば日本人は戦前はろくに牛肉など食べなかったのに、今ではハンバーガーでの昼食が当たり前になり、レストランでアメリカ人並みに、一回の食事に二百、三百グラムのステーキを食べることも珍しくなくなった裏には、大変な自然破壊が拡大しているのです。

このようなこと一つとっても、世界中の人間、それも七十億もの人間が、もしアメリカ的な生活を究極の理想だとして、大量生産、大量消費、そして大量廃棄を目標として生活の向上に励むことになれば、誰が考えても人間世界だけでなく自然環境までが、大混乱に陥ることは間違いありません。

たしかに物質的には私たちの暮らしは、以前に比べてすべてのことが飛躍的に便利となり快適になっています。今や、私が子供だった頃にはどこでも見られた、毎日の洗濯物を、盥《たらい》でデコボコの筋のついた木製の洗濯板を使って、お湯も使わずにゴシゴシと洗う人はまずいないでしょう。でも洗濯機やテレビを持つことが人々の夢だった時代はもうとっくに過ぎ去り、戦後の一時は大金を出して加入権を買わなければもてなかった固定電話も、一軒に一台の時代はとっくに去り、今は子供でも一人一人が携帯をもつのが普通となっています。

また遠距離の旅行にしても戦前は日本からアメリカに行くためには、横浜からサンフランシスコまで汽船でたっぷり二週間はかかったものが、今はジェット機のノンストップ直行便で、なんと十時間足らずで行けてしまうのです。

このように私たちの生活の便利さ快適さが、僅か数十年の間に劇的に増大したことは間違いないのですが、それに比例して私たちは日々昔では考えられないほどの**幸福感に溢れて生活しているでしょうか**。日本では最近JR東海が、東京‐名古屋間を一時間足らずで結ぶリニア中央新幹線を二〇二七年に開業する予定だと発表しましたが、それによってどれだけの人が今より本当に幸福になれるのでしょうか。

私はそれよりも現在の新幹線や在来線の持つ様々な隠れた問題、例えばトンネルや橋梁の劣化、なおざりにされている保線業務の強化といった地道な仕事に、膨大な資金を惜しみなく使うという、もはや発展拡大ではない、人々の安心と安全を求める気持ちに応える方向に事業を転換すべきではないかと考えます。[注5] そしてこのように従来型の発展拡大を、言わば足踏み状態に置いている間に、どうすれば人類社会を少しでも後戻りさせることができるかを、衆知を集めて考えるのです。

夏目漱石は、いまから百年以上前に行った講演『現代日本の開化』のなかで、文明の発達が必ずしも人々の幸福感の増進には結びつかないことが多いことをすでに指摘していますが、私も全く同感です。そして私がここで重ねて指摘したいことは、先程述べたような現在の人類社会の物質的な長足の進歩発展は、気の遠くなるような膨大なエネルギーの消費に支えられているのだということです。そしてその背後には恐ろしいほどの大規模な森林破壊と土壌、大気、水の汚染、貴重な美しい動植物の大量絶滅を含む環境悪化にもとづく地球生態系の急激な崩壊が隠されているという、その事実から目をそらしてはならないということです。[注6]

人間は自分たちだけが幸福と繁栄を目指して自由気儘に生きるために、同じ地球号という宇宙船に乗り合っているすべての生物を踏みつけ、死に追いやる権利をもっているのでしょうか。自然は神が人間のために作られたものであり、したがってそれは人間が正しいと思う仕方で人間の管理下に置かれるべきものという考えは、人間至上主義のキリスト教西欧文明に根強い世界観で、私たち日本人の精神風土に元々はそぐわないものなのです。ですからまだ古来の人間と自然が共存していた古い時代の文化の名残を多少なりとも保持している我々日本人が、このことを自覚して、今こそ立ちあがる時だと思うのです。注7

アメリカ的な生き方を人類が目標にすることの危険性には、このエネルギー過剰消費のほかに、もう一つ理由があります。それはアメリカの文明の本質が、すでにバッファロー絶滅作戦やベトナムの枯葉作戦の説明の際に指摘したように、自分たち人間の繁栄福祉だけを眼中に置く、徹底した環境破壊を全く気にかけないものであることです。このことは個人として熱心に自然保護のために努力している人が、アメリカには沢山いるということとはまったく別の、文化の基本的性格の問題です。

以上のような理由で、私はアメリカ的な価値観がこれ以上世界に広まることは、地球の生態系の持続的な保全にとって全く好ましくないと思います。もし人類がこれまでの右肩上りで、終わりのない成長発展を目指す路線を、このままアメリカ文明主導の下で疑うことなく走り続けるとしたら、**きわめて近い将来**、かのタイタニック号の悲劇が、今度は地球規模で繰り返されることになることは確実だと私は思っています。

バベルの塔の神話と言語の多様性

ところでアメリカ的な文化や考え方が世界標準となることには、以上述べたような《エネルギーや資源の浪費が飛躍的に増大するため、自然環境の破壊が加速度的に進むことは確実である》という問題のほかに、更にもう一つこれまで私の知る限り**誰も指摘したことのない言語上の問題**もあるのです。

それは主としてアメリカの言語である英語が、今の勢いで他の諸言語を抑えて事実上の国際共通語の地位をますます強固なものにしてゆくと、人類の運命を大きく左右しかねない大変に困った問題が、どんどんと表面化してくるということです。

すでに指摘したように、現在この地球には異なった言語が約六千種あるとされています。そして一体どうして人間の言語がこのように多種多様であるかについては、これまで様々な説明がなされてきました。その一つに大昔神様がある理由で、わざと人間の話す言葉を、互いに理解できないようにとバラバラにしたからだという、一般に**神授説**と呼ばれているものがあります。

大昔のあるとき人間たちが集まって、どのような目的があったのかはよく分かりませんが、天まで届く高い塔を造り始めたのです。これを見た神様がこれは良くないことだと思って、塔の建設がそれ以上進まないようにと、それまでは人類のすべてが皆同じ言葉を使っていたのを、バラバラな言葉にしてしまいました。その結果人々は互いの言うことが理解できなくなって、塔の建設は未完成に終わったというのです。この話は旧約聖書にある**バベルの塔の神話**として知られているものです。

ところで現在英語という一つの自然言語が、それぞれ母語も文化も宗教も違う世界中の人々、特に科学者たちによって、相互の意思疎通と共通理解に便利な、事実上の国際共通語として用いられるようになっています。その結果、互いの母語や文化に固有である様々な相違が、いとも簡単に乗り越えられてしまい、それぞれの人が持つ科学知識の結集が以前に比べてはるかにたやすく、しかも素早くできるようになっています。そのため、たとえばこれまでは夢でしかなかった様々な宇宙探査といった途轍《とてつ》もないことが可能となり、年毎に成果を拡大しているのです。

つまり神が望まなかった〈人間が天界にまで活動範囲を広げること〉を現代人に可能にした大きな要因の一つは、英語が今や人類の共通語の地位を、ある程度手に入れたためであると考えることができます。

同じことはすでに触れた遺伝子操作による動植物の品種改良、画期的な新薬の開発、そしてｉＰＳ細胞による任意の臓器の作成などについても言えます。私は科学のこのような驚嘆すべき発展は、それが人類にもたらす計り知れない恩恵を認めると同時に、もしかしたら手放しで喜べるものではなく、人間が神の意志にそむいて、分を超えた身の程知らずの、底無しの欲望の深淵にのめり込んでいく第一歩ではないかという気がしてなりません。

古代ギリシャの神話にある、鳥の羽を集め、蠟《ろう》で固めた翼を作ってクレタ島から脱出することに成功した若いイカロスが、あまり高く飛びすぎてはいけないという、経験豊かで賢い父のダイダロスの忠告を聞き流して、天高く太陽まで飛びたいと欲ばったばかりに、憧れの天に近づくにつれて、太陽の熱で蠟が溶けて羽がばらばらになり、青いエーゲ海めがけて真っ逆さまに落ちていったという話が、宇宙開発の成功をめぐる科学者たちの興奮を見聞きするたびに、私にはどうしても思い出されてならないのです。

注

1　ノヴィアル（Novial）はデンマークの著名な言語学者のOtto Jespersenが一九二八年に提唱した人工国際語です。ヴォラピューク（Volapük）は一八八〇年にドイツ人のJ. M. Schleyerが英語、フランス語、ドイツ語、ラテン語などを元にして作った人工語。インターリングア（Interlingua）には二種あって、一つはGiuseppe Peanoが考案した〈語形変化なしのラテン語〉を基にした国際語、二つ目はInternational Auxiliary Language Association of New York Cityが考案した、英語と主なロマンス語の要素を基にした人工国際語です。これら国際語のすべてが、殆どヨーロッパの言語だけを視野において作られていることは、欧米人が世界と言い国際と称するとき、非西欧世界が念頭にないことを、日本人としては注意すべきです。

2　文化人類学では美術、音楽、演劇といったような一般の人が文化という言葉で思い浮かべるような活動を、高（次）文化high cultureと言い、文化という言葉は広く生まれつき人間に備わっている能力、つまり《本能》ではなく、生まれたのちに、広義の学習によって獲得した知識や技能、およびその結果生まれた行動様式や産物などのすべてを指すのに用います。また言語のピジン化とは、異なる言語使用者の間でコミュニケーションが必要になった際に、自然に意思疎通のための言語が作られていくことで、接触言語ともいい、その言語をピジン言語と言います。クレオール化とは、そのピジン言語が社会に根付き、子供世代がそれを母語として話すようになることをいい、その公用語などをクレオール言語と言います。

3　日本人は食品としてさまざまな八十種にも上る海藻を、一年中利用する文化を持つ民族として世界的に有名です。そのため日本人の腸内には他の民族には見られない、海藻の消化吸収を助ける特別な酵素菌がすみ着いていることが知られています。その反面日本には、つい百年ほど前までは、牛や山羊などの家畜を飼って、その乳を利用する習慣がまったくなかったため、今でも腸内に乳糖分解酵素の少ない人がいて、牛乳を沢山飲むと腹具合が悪くなったりするのです。

4 N・チョムスキーなどの言う生得的言語能力を共有しているのです。

5 私は新幹線の発足以来、なぜ航空機並みのスピードで走る新幹線の座席に、シートベルトを設置しないのかと、これまで何度も声をあげましたが、未だにまったく反応なしです。大事故が起こる前に、ぜひベルトをつけてほしいものです。

6 二〇一二年、密猟によって殺されたアフリカ象は少なくとも二万二千頭に達し、このままでは地上最大の哺乳類であるアフリカ象の絶滅が心配されるようになりました（平成二十六年四月二十九日産経新聞）。

7 私は日本人が行動に出る際には、誰にでも分かりやすいキャッチフレーズまたはスローガンとして、《「使い棄ての文化」ではなく、「使い回しの文化」に戻ろう》などを考えていますがどうでしょうか。『人にはどれだけの物が必要か』3R（Recycle, Reuse & Reduce）の提唱。

結語

これまであちこちと、様々な話題を駆け巡った私の文明論も、ようやく結論を述べる段階に到達しました。とは言っても元来せっかちな私は、すでに待ちきれずに私が何を考えているのかを色々な形で小出しにしてしまっているので、いまさら改まってこれが結論ですと言う必要もないような気がします。そこで箇条書きの形で論点を整理しながら、私の文明論の帰着するところが、なぜ日本の江戸時代の再評価にたどり着くのかを改めて示してゆくことにします。

一、近時のあまりにも急激な人口増を主な原因とする、あらゆる資源の不足と地球環境の劣化のために、人類は産業革命以来これまでたゆまず続けてきた**右肩上がりの経済発展**を、最早これ以上続けることは**不可能**となっている。もし無理してこのまま発展を続行すれば、人類社会は収拾のつかない大混乱に早晩陥ることは確実である。

二、従ってこのような破局を回避するために人類は、文明の**進む方向**をできるだけ早く**逆転**させる必要がある。人類は今や経済の更なる一層の発展拡大ではなく、むしろ**縮小後退**を目指すべき段階に来ている。比喩的に言うならば、人類は今まさに「**下山の時代**」を迎えたのである。

三、一つの閉鎖系である宇宙船地球号内で人類がこれまで行ってきた、**他の生物との協調を欠く自己中心的な活動**は、地上にその悪影響を吸収できるフロンティア、つまりゆとりがある間は、弊害があまり顕在化しなかったが、あらゆる意味での**フロンティアが消滅している**現在、すべてが一触即発の危機的状態にある。

四、現在我々が享受している生活の豊かさ、便利さ、快適さ、その結果としての長寿社会の到来、そしてそれを支えてきた、食料を始めとするあらゆる物資の増産、経済の拡大、科学技術の進歩のすべては、**人類だけの限られた立場から言えば、善であり歓迎すべきこと**と言える。

しかしこれらは皆、我々が美しいと思うこの**現在の世界**、まだ辛うじていくらかは残っている貴重な原生林や、素晴らしい何千万種という貴重な動植物、空を舞う大型の鷲や鷹、そして海中の美しい魚の群れまでが、恐ろしいスピードで地球上から**永遠に姿を消してゆく**ことと引き換えに人類が手に入れたものであることを知れば、**手放しでは喜べない**。このことは遅かれ早かれ人類の生存基盤そのものまでが崩れ落ちることを意味するからだ。この**美しい地球を今のままの形で子孫に残したいという願望と、人間の限りのない欲望の追求**とは両立し得ないことが、今では誰の目にも明らかとなってしまったのである。

五、言うまでもなく**現在**の人類の在り方、人々の目指す目標に最も強い影響力をもつ文明は、

西欧文明、とりわけアメリカ文明である。ところがこれらの文明は極めて強固な**人間中心主義的な世界観**に基づく、極めて不寛容な**排他（折伏）性**を本質とする一**神教的性格の強いもの**である。このような性格の欧米の文明が牽引車となって、二〇世紀の人類社会は未曾有の発展を遂げたが、同時に世界は刻一刻と深刻さを増す**壊滅的な生態学的混乱**に加えて、欧米を主役とする植民地獲得競争と様々な対立するイデオロギーに基づく**凄惨な抗争の絶えない動乱激動の時代**でもあった。

六、一九世紀半ばまでは世界最長の「外国との不戦期間」を誇る辺境の小国であった我が日本も、欧米諸国の強烈な砲艦外交により「国際」社会に引きずり出された結果、イギリスとロシアの演じる中央アジアの覇権をめぐる**グレートゲーム**の片棒を担がされてしまい、当の日本人自身も驚き戸惑うほどの、戦争をこととする**並の欧米型国家**になることを余儀なくされたのである。

七、このように日本は中華文明の国として優に千年を超す歴史を持つ国から、西欧型文明国家へのパラダイム・シフトを、**明治維新**という形の無血革命によって成し遂げ、ついで恵まれた地政学的な諸条件と欧米列強間の様々な対立抗争のおかげで、大東亜戦争に大敗北したにもかかわらず、西欧型の、それも経済技術超大国の一員とまでなって現在に至っている。

八、ところがこの日本は「生きとし生けるもの」との**共感**を未だ保持する唯一の文明国であり、宗教的にも日本人の圧倒的多数は、一神教の持つ執拗な**他者攻撃性を本質的に欠く**、神道や仏教的な世界観を失わずにもっている。したがってうわべは強力な西欧型の近代的国家でありながら、文化的には対立抗争を好まぬ柔らかな心性、「**和をもって貴しとなす**」の伝統を、日本はまだ完全には失っていないのである。

九、私はこの文明論で、いま述べたような性格を持った日本という大国が、現在大きく言って二つの、解決のめどさえ立たない大問題——環境破壊と宗教対立——に直面している人類社会が、今後進むべき正しい道を示すことのできる資質と、二世紀半にわたる鎖国の江戸時代の豊富な経験を持つ、**教導者の立場**に立っているのだということを主張している。江戸時代は、対外戦争がなく、持続可能で公害を伴わない太陽エネルギーのみに依存し、無駄なしかも処理に困る廃棄物を一切出さない、理想に近い循環社会であった。

そして日本が自らの文明の特性を進んで広く世界に知らせ広めることとは、要らぬお節介でも軽率な勇み足でもなく、今や大国となった日本がこれまで世界の諸文明から受けた数え切れない恩恵に、日本として初めて**報いる**、**お返しをする**ことでもあると考えている。

世界で最も恵まれた現在の日本人が、ただその豊かさと安全を無自覚に享受しているだけでは、ひとり我良しの経済大国に過ぎないのであって、日本の根本にある日本型文明の感性を世界に伝え教え、人類の方向性として積極的に指し示すことが二一世紀に求められているのです。その意味で今日本人に課せられているのは、人類の文明史的使命であるといってても過言ではないのです。

エピローグ　人間は果たして賢い動物だろうか

私たち人間という動物がいま、学術上ホモ・サピエンスという学名でよばれていることは、多くの人が知っていると思います。ホモとはラテン語で「人」を意味する言葉で、サピエンスは同じくラテン語の「賢い」という意味の形容詞です。

この学名というものは、世界各地の様々な生物を博物学や動植物学などで扱う際に、同じもの、同一の対象を、言葉の違う国々の人々がそれぞれ異なる呼び方をしては混乱を招きかねないので、同じものに対してラテン語の単語をHomo sapiens《ホモ　サピエンス》のように二つ重ねてつけた、万国共通の名称のことをさします。

はじめの大きなまとまりを表わすHomoの部分は属名と称され、次のサピエンスの部分は個別的特徴を表す種小名といわれます。ホモが苗字でサピエンスがホモという家族の、個々の成員と考えれば分かりやすいでしょう。

そしてこの学名にはどうしてラテン語が用いられるのかと言えば、それはこの二名法と呼ばれる命名法を考え出したスウェーデンの博物学者カール・フォン・リンネが活躍した一八世紀のヨーロッパでは、まだラテン語がヨーロッパ全体で学問の共通語だったからです。

ところで私は近頃になって、この人間に付けられたサピエンス、つまり「賢い」という意味の種小名は、どうも人間という動物の実体を正しく表していないのではないかとまじめに思うようになったのです。それはどうしてなのかを次に説明しましょう。

そもそもリンネがなぜ人間に「賢い」という種小名をつけたのかは詳しくは分かっていませんが、キリスト教徒だったリンネは、人間は神の姿に似せて創られた生き物であって、他のもろもろの動物とは、人間だけが言葉と知恵を授かっているという点で区別されるというキリスト教の教えを、当然のこととして受け入れていたと思います。人間は万物の霊長、つまり最も優れたものだという考え方が当時の西欧世界の人々の常識的前提としてあったから、リンネはためらわずに人間の種小名をサピエンス、すなわち「賢い」としたのだと思います。

ところが何度も言うように、最近世界中でひっきりなしに起こる、色々と深刻な被害をもたらす異常気象や大規模な砂漠化の進行、また水資源の広範囲にわたる劣化といった現象のほとんどが、人類のあまりにも度を越した経済活動の拡大と、それに伴う急激な人口増加に起因することが明らかになってきました。

もしこのまま経済規模の野放図な拡大を放置しておけば、人間による環境の破壊が、有限の地球の許容できる範囲を**かなり近い将来に**、様々な点で超えてしまうことはほぼ確実だと専門家たちは警鐘を鳴らしています。

実はこのことはすでに触れたように、四十年以上も前の一九七二年に、ローマクラブが広く世界に訴えた報告書のなかでとっくに指摘済みのことなのですが、人類はその後今日まで、大筋ではなんらの変更もなく依然として上昇拡大の道を歩き続けています。そこで取り返しのつかない破滅的な悲劇が起こる前に、私たちはなんとしても環境のこれ以上の劣化を食い止めるべく、今こそあらゆる方策を考えなくてはならないのです。

ところがいま日本を初めとしてアメリカでもまたヨーロッパでも、先進国の政治家を先頭とする社会の指導的立場にある人々の唱える政策は、もっと雇用を増やせ、未開発の眠れる資源を発見活用して、更に経済を活性化しろといった、依然として終わりのない右肩上がりの発展、経済規模の拡大を目指すものばかりです。不況脱出を目標とするアベノミクス然り、官民あげての二〇二〇年東京オリンピック招致の熱狂然りです。こんなことばかりしていて、地球は果たして大丈夫なのだろうかという声は、殆ど聞こえてきません。

たしかに我々の住む地球は広大ですが、でも土地も大気も、そして水も決して無限ではありません。人間の数が今と比べて問題にならないほど少なかったころ、たとえば農業の出現以前は、狩猟採集をこととする原始の人々の営みは、他のすべての動物のそれと同じく、自然の秩序を狂わせ環境をひどく破壊するようなことはなかったのです。

人間以外の生物はむやみに数が増えない

しかし約一万年前に農業が始まると食料の保存蓄積が可能となり、人々が食を求めての絶えざる労働から解放されたことの結果として、富の集積と人々の定住化が同時に進行し、社会構成が次々と複雑になって、様々な文化文明の発展へとつながっていきました。ところがこの農業は地球環境の安定的存続という大きな立場から見ると、人類が最初に行なうことになった積極的な自然破壊であって、これが人類を他の動物には見られない「**絶えざる不自然なまでの人口増**」という上昇軌道に乗せることになったのです。

と言うのも人間以外のいかなる生物も、むやみやたらと数を増やすことはしません。一時期なにかの原因で、ある種の生物が大増殖する現象はよく見られるものですが、しばらくすれば様々な制約条件も増大して元の状態に戻るものです。

たとえば日本の山地でよく起こることですが、イネ科の植物である笹の大群落が何十年かに一度、一斉に実を付ける現象が見られます。この突然の豊富な食料の出現のために、山の地ネズミの数が爆発的に増大することが起こります。すると今度はネズミを主食とする狐やイタチ、鷹やフクロウなどがどこからともなく集まってきて、ネズミの俄《にわ》か大群は餌である笹の実の減少と、捕食者の増加という二重の外圧によって数が減り、程なく元の目立たない状態に戻ることが知られています。

しかし人間だけは農業革命以来、自分たちに不利に働く様々な外的条件を、発達した知能のおかげで、次々と克服する手立てを考え出す余裕をもったために、増えた人口をそのまま維持してしまうことになったのです。

このようにして人間は徐々に数を増やし始め、それが近代に起こった産業革命を迎えて、それまでの人力、畜力、そして風水力といった、基本的には太陽エネルギーの循環のみに頼るものに加えて、石炭という太古の太陽エネルギーが凝縮蓄積されている、桁違いに強力な化石燃料を人間圏の拡大のための動力源とすることが始まってからは、爆発的に人口が増え始めたのです。

二〇世紀後半になると、この石炭よりもはるかに効率の良い石油や天然ガスが更に加わり、それが遂に人々が原子力の利用にまで手を伸ばした結果、今から約二千年前のキリスト誕生のころは、推定二億人に過ぎなかった地球の全人口数が、今や七十億にまで膨れ上がり、それが今世紀中には百億に達することが確実視されるようになっています。

そして食料生産関係の専門家たちの一致した意見では、百億の人間の需要を賄うだけの食料、それは穀物野菜類を初めとする農産物、肉と乳を供給する各種の畜産物、そして養殖をも含めた魚介類に大別されますが、これらすべてを生産できるような農地、放牧地、そして利用可能な海面や河川湖沼の面積拡大はもはやあまり望めず、また生産効率の向上もほとんど頭打ちだということです。

どうしてこれまでは増大の一途を辿る人口が、世界規模の問題を起こさずに済んできたのかといえば、この人口増の問題は、大陸のうち最も広大なユーラシア大陸が、初めのうちはそれを吸収し、次いで南北アメリカ大陸、そしてオーストラリアやアフリカ大陸といった近代的な意味での**未開発のフロンティア**が、次々と人類の行く手に都合よく出現したからなのです。

しかし現在では未知未開の大陸はとっくになくなり、人跡未踏の原始林も、また長い間人を寄せ付けなかった極地や高山もすっかり姿を消してしまいました。その結果として、いまグローバリゼーションの掛け声の下に、世界中の人類の生活水準の均一平準化こそが、全人類に等**しく幸福をもたらすという妄想**に駆られた現代人を待ち受けるものは、実は食料を初めとするあらゆる資源の不足にもとづく新たな対立や衝突、いがみ合いと抗争、そしてこれまでにない規模の大量殺戮を伴う残酷な戦争の連続であることは確実です。

人間以外の生物はむやみに殺さない

これまでですら人類の歴史とは、その殆どが人間同士の争いの歴史であったことは、簡単な受験用の世界史年表にさっと目を通すだけでも一目瞭然です。理性と英知を誇るヨーロッパ文明の代表格であったドイツとフランスでさえも、第二次世界大戦を含めて僅か百年の間に、三度も悲惨な結果に終わった大戦争をしていることを思い出せば、これからはその流れが以前とは桁違いの殺傷力をもつ武器の進歩によって、一層ひどくなるだけのことで、人間の本質は少しも変化していないのです。

ところが人間以外の動物の間では、基本的には同種間、つまり**仲間同士の間での激しい**喧嘩や殺し合いはありません。もちろん動物にも食物の取り合い、雌をめぐる雄同士の戦い、そして自分の縄張りや社会的地位を守るための争いなどは存在しますが、これら同種間の争いが人間の場合と違う点は、このような戦いで相手をひどく傷つけるとか、ましてや死に至らしめるようなことは殆どなく、相手に自分の強さ優位さを認めさせた時点で、動物の争いは終わるのが普通です。つまり目的を達すれば相手を深追いすることはせず、その結果負けた方もどこか違った場所や別の機会に、餌にありついたり雌をみつけたりできるのです。

また、ある動物のグループが、なにかの目的で**同種の他のグループ**を襲って、いじめたり殺したりすること、つまり同種間で、人間のような「戦争」を行うこともほとんどないのです。チンパンジーの小集団が他の集団を襲って食べることがあるという報告はありますが、一般的ではありません。

また他の生物を殺して食べることでしか生きられない宿命を持っている捕食動物は、むやみやたらと目に付いた餌となる動物を、**無駄に殺しまくるようなこと**は決して行ないません。そんなことをしたら、たちまち自分たちの命を支える食料が不足して、自分たちが生きていかれなくなることを**本能的に知っている**からです。ですから自分に必要な最小限度の獲物を手に入れることができれば、それ以上はただの遊びのためとか、殺すことそれ自体が面白くて獲物をどんどん捕り続けるといったことは絶対にしないのです。

ところが人間、特に西欧文明的な世界観を持つ人々の間では、このようないかなる動物も絶対にしない、ただ楽しみのために動物を殺したり苦しめたりすることが今でも、堂々と行われています。

現在も絶滅の心配のあるライオンなどの大型猛獣を対象とするアフリカでのサファリをはじめとして、欧米人に絶大な人気のある、「スポーツとしての狩猟」の名で世界の至る所で行われているものは、まさに人間が生きるための切実な必要からでなく、楽しみ、スリルを味わう、自己満足のためといったことで、生物を殺し、無意味に傷つけ、はては絶滅に追いやる行為にほかなりません。[注1] 日本でも**欧米流の狩猟**が明治以後導入されてからというもの、このスポーツとしての狩猟は広がっています。

たとえば外洋に船で出て、大型のバショウカジキやサメなどを、長時間の「戦い」の末に釣り上げて凱歌をあげ、犠牲になった魚とともに記念写真を撮ってそれでお終い、といったアメリカでよくみられる遊びが豪快なスポーツとして人気があることなども、自分たちが生きるための必要から獲って、食べた魚に感謝し、その霊を祭る碑まで立てる伝統的な日本人の感覚からは、納得できないものがあります。釣った魚を食べずに逃がす「キャッチアンドリリース」という行為も、結局は魚に無用の苦しみを与えているのであって、生き物をゲーム的にもてあそぶ欧米流の考えでしょう。

このことに関連して、人類が犯した記録に残る限りの最大規模ともいえる「**愚かな**」**野生動物の大量虐殺**は、一九世紀後半にアメリカ大陸で起った旅行鳩（passenger pigeon）の一大殺戮です。バッファロー狩りのことは前に書きましたが、鳥好きの私としては旅行鳩の悲劇についても触れないわけにはいかない気持ちです。

季節によって繁殖地の東部と、冬を過ごす南部の間を大移動する、この大型な鳩の群れが上空を通過するときの印象を、米国の野鳥保護愛護運動の先駆けとなったJ・J・オーデュボンは一八三八年の日記で「旅行鳩の大群が三日の間途切れることなく、大空を覆い隠すように飛び続けていった」と記しています。当時全米でこの鳩は驚くなかれ推定五十億羽という、地球上の鳥類の中で最大を誇る数の鳥だったのです。

この鳩は肉がおいしいのと羽毛に利用価値があったため、鉄砲で捕り放題に捕られました。中にはただ多く殺すことが楽しみの男達もいて、かれらは手に手に散弾銃を持ってやみくもに空めがけて発射し、誰の一発が最も多くの鳩を撃ち落としたかを競うなど、それはそれはひどいものでした。殺した鳩の一部は樽に詰めて都会の消費地に送られたりもしましたが、何しろ数があまりにも多いので、殺された鳩の殆どはそのまま捨てられたのです。

そして誰もがこんなにも数の多い鳩がいなくなることなど想像もしませんでした。ところがこのような無軌道な乱獲と、繁殖地である東部の森林地帯の開発が進むにつれて、この旅行鳩は急激に数を減らし、二〇世紀初めには全く姿を消してしまったのです。そして動物園で飼育されていた最後の一羽が死んだのが、一九一四年九月一日という第一次世界大戦勃発の直後、つまり今からちょうど百年前にあたりますから、この話は決して大昔の、どこか野蛮な国の出来事ではないのです。

種の存続のために仲間の弱者は犠牲となるのが動物界のおきて

そして大変面白いことにオオカミやライオンなどの捕食獣は、ある意味で食べられてしまう側のウサギやカモシカなどにとっては、彼らが**健全に種として生き続けるために**、恩恵を与えてくれている**ありがたい存在**と考えることができるのです。と言うのもこれらの捕食者が捕まえて食べる対象は、その動物の種の存続を支える中心的な存在である、若くて丈夫な個体ではなく、殆どが老齢であるとか、体に何かしらの病気か欠陥をもっているもの、あるいはまだ一人前の力を持たない子供などが多いからです。

つまり捕食者はこれらの動物の**種の健全な存続**のためにはもはや役に立たないもの、足手まといになるもの、あるいは群れの数が増えすぎてエサ不足にならないようにと増えすぎた若者を間引いてくれる、種の保存保持の目付役を果たしていると考えることができるからです。

こうしてみると、知能の高い人間は、自分たちの種族が度を越して増えすぎることを防ぐ役目を果たしてくれていたすべての捕食獣はもちろんのこと、自分達に少しでも危害や損害を与える動植物はすべて、それらを害獣、病害虫そして雑草の名で一方的に駆除し続けた結果、いまになって問題が山積の人口爆発を迎えているわけです。

そのうえ人間のような理性も道徳意識もまったく持ちあわせていないはずの、人間より下等とされる動物のオスは、哺乳類はもちろんのこと、鳥や魚に至るまでメスの**同意がなければ**、力ずくで無理やりに性行為をメスに迫ることが出来ないのです。つまり強姦とか性的虐待などと言った不道徳な行いは動物界にはまず存在しません。

ところが動物の中で最も**賢い**と自認してきた人間は、自分たちより**下等と決めつけてきた動物**たちでさえもしない、以上述べたことの**すべて**を、何千年と性懲りもなく繰り返し行なってきただけでなく、ますますその傾向を**強めて**きているのです。

人間に特有の宗教の面でも、西欧の人々が最も進んだ純度の高い宗教であると言い続けているいわゆる啓典の民、すなわち一神教のユダヤ教徒、キリスト教徒、そしてイスラーム教徒の間では、歴史的にみるとその発生以来、異端だ破門だ追放だといった、文字通り血で血を洗うような同族争いが絶えず、仲間同士の流血の惨事は減少するどころか、近年はむしろ増加の一途を辿っています。[注2]

このように、最も**進歩したといわれる啓典の民**が仲間内で、いがみ合い殺しあうことを一向に止めないところなどをみると、どうも血に飢えた**野獣**が口から泡を吹きながら、相手かまわず噛み付き殺しまわるといったイメージは、むしろ人間の自画像にこそふさわしいもので、知能が低く道徳的にも劣るとされてきた野獣は、むしろ人間より遥かに**紳士的**なのです。こんなことを言った欧米の神学者か哲学者がいるでしょうか。

そして世界四大宗教の一つである仏教は、歴史的に見ても偶像崇拝だとして度々非難され、近くはバーミヤンの大仏像がイスラーム教徒のタリバンによって破壊されたこともありましたが、どういうものか仏教には異教徒に対する宗教戦争が殆どなく、また教義をめぐっての宗派間の激しい対立抗争や流血の惨事も比較的目立たないのは、仏教が基本的には多神教的かつ自然宗教的性格の強い宗教だからなのでしょうか。

ところでアジアの仏教圏で起きた最大の虐殺事件は、カンボジアがフランスから独立した一九五三年以後、シハヌーク殿下の王政に反対して立上った、極左武装勢力のポル・ポトに代表されるクメール・ルージュの反乱と、隣国ベトナムでの騒乱に関連して起こったものです。

人間の頭蓋骨の山の不気味な写真などで、このクメール・ルージュが行った同胞の大量虐殺は世界に広く喧伝されましたが、いかなる宗教をも認めない共産主義そのものが、皮肉なことに一神教的性格を強く持つものであるだけに、内輪揉めがひどいのかなどと思ったものです。[注3]

種よりも個を優先させがちな人間という生き物

以上述べてきたことをまとめると、我々人間という生き物は確かに宇宙にまで人工物を飛ばすほどの目覚しい仕事を成し遂げました。でもその一方で、人間以外の動物たちには生得的に組み込まれている、欲望の無限拡大を抑えるブレーキを持たないために、自分たちの安定した持続的な存続を保証する健全な環境を、自らの手で絶えず劣化させ、同時に自分たちをあらゆる面で陰に陽に支えている、それこそ恩人とも言うべき無数の動植物を、次々と絶滅に追いやることを一向に止めることができないという、賢いが故の、なんとも悲劇的な存在だということです。

私は若い頃から人間を生物の中での特別な存在とは考えず、人間の持つ良い点悪い点のすべてを、**生物の一種である人間**という見地から考察してきました。そして私が野生動植物の観察から得た知見と、動植物生態学から学んだことを総合して、その立場から人間を眺めてみると、人間の生物としての特徴、すなわち**種差**(differentia species)、つまり人間特有の、人間を他のすべての生物から際立たせる特徴は、人間が種の存続よりも個の生存をとかく優先しがちな性質にあると考えるようになりました。この人間の特徴的な性質は人間が本能ではなく、知能によって生きることの結果です。

一般の生物はどんなものでもすべて、自分の属する種、自分がその一員である種が永遠に続くことを願い、そのことをすべてに優先させる生き方をしているのです。このことは捕食獣と食べられる動物との関係などで、すでに説明しましたが、大切なことなので、もう一つだけ念のために実例で説明させてください。

体の小さな小鳥が草や小枝を集めて、雛を育てるための巣をつくることは大変な労力を必要とする仕事です。ですから大抵は必要最小限度の小さな巣を、本能で決められたようにつくります。そして卵から孵った雛たちもこの小さな窮屈な巣からはみ出て、外に落ちないよう本能的に動きを抑制します。でも稀には何かのはずみで雛が巣からはみ出て下に落ちてしまうことが起きます。

ところが地面に落ちた雛が懸命に餌をねだり大声で催促しても親鳥は知らんぷりで、まったく構うことをせず、巣に残った雛だけを育て続けるのが普通なのです。これは巣から落ちてしまった雛をなまじ構うことをすれば、親の労力が巣の中の雛と落ちた雛に分散して、子育てが虻蜂取らずになる恐れがあるのと、地面に落ちてしまった雛は、間もなく蛇やネズミなどの外敵に食べられてしまうことが多いので、この雛を親鳥は即座に諦めて、残りの雛の方にだけ集中する方が、子孫を残せる確率が高いからです。

またぎりぎりの大きさに作られた巣から落ちるような元気の良すぎる雛は、その遺伝子がさらに次の世代へと受け継がれる場合、これも種の存続にとっては危険となるので、早いうちにこの困った性質が継承されないよう、芽を摘んでおく意味もあると考えられます。

以上のことはもちろん親鳥が意識しているわけではなく、すべては本能行動を司る遺伝情報の形で親鳥が持っているわけですが、人間の場合は限られた反射行動以外、殆どの行動が遺伝による本能ではなく、後天的に学習されるために、どうしても人が個体としてその知能で判断を下すことになり、種の健全な存続という、生物にとっての至上命令がとかくなおざりにされ、自分という個の立場が優先されてしまうのだと思います。

そしてこのような個が集まって出来た社会では、祖先崇拝、子孫繁栄といった近代以前の社会ではどこにでも強く見られた、個人は悠久の祖先から未来の子孫まで切れ目なく続く鎖の一コマにすぎないのだということを意識的に教え自覚させる教育が、近代になればなるほど疎かになってきたため、人々の生き方が、俺さえよければよい、祖先なんて知るもんか、子供も邪魔だからいらないといったような、個人の幸福だけが求められ、あらゆる生物や、すべての生きとし生けるものとのつながり、他者との連帯が軽んじられる現代となっているわけです。

このように、人間という生物を、人間の立場を離れて生物一般の生き方を基準として眺めたとき、人間は生物でありながら生物の基本原則からどんどん外れてゆくという大きな矛盾を抱えた、救いのない動物だというのが、私の目に映る人間の姿です。人間以外の生物は、種の永続のためには個を犠牲にする、つまり生きる目的は自己の属する種を永続させることだという基本原則で生きているのです。

私の考えでは、このような矛盾と不安定さを宿命として内蔵する人間にとっての救いがあるとすれば、それは「生きとし生けるもの」全てに感謝の気持ちをもって接すること、そして欲望をごく平凡な「腹八分目」「過ぎたるはなお及ばざるが如し」、そして**中庸**といった、誰にでもできるはずの、しかし実行の最も難しい**自己抑制**ができるかどうかにかかっていると思います。そのために私は今の日本ではもう古いとされ重視されなくなってしまった日本古来の伝統的な教育理念などを、もう一度見直す必要があるのではという考えをもっています。

このようなわけで、私は初めに述べたホモ・サピエンスという人間につけられている学名の種小名の部分、つまり「賢い」のところは、現状ではむしろ stupidus《スチュピドゥス》（これは「愚かな」というラテン語の形容詞で、英語の stupid の原語）と改めた方が実体に合うのではと思うようになったのです。人間がこのままの生き方を無反省に続ければ、自分たちの子孫にまだ美しさを完全には失っていないこの地球を残せるどころか、自分たちがまだ生きている間に、この地球の全生態系の壊滅を、目撃する羽目になる可能性が極めて大きいと思います。

人間は自分たちの愚かさにやっと気付き始めたという意味を込めたいのならば、種小名はせめて stupido-sapiens《スチュピドサピエンス》、つまり「愚かでもあり賢くもある」とでもしたらどうでしょうか。

学名は一度付けられたものを取り消すことはできない決まりですから、この stupido-sapiens はシノニム（同義語）として通用させればよいのです。人間という動物は本来的に賢くもあるが愚かでもあるという矛盾を孕んだ、悲劇的な運命を背負った動物だという意味でHomo stupido-sapiens《ホモ スチュピドサピエンス》という学名は、まさに正鵠を射たものではないでしょうか。

そして私の願いは、一日も早く人々が自分たちの内蔵しているこの矛盾に気づき、人間という動物の学名である sapiens にふさわしい、出来るだけ矛盾の少ない生き方に目覚めることで、やはり人類は賢かったと、胸を張って言える日の来ることなのです。

注

1 最近長らく国民に人気のあったスペイン国王が退位されましたが、その理由の一つに、国民が財政窮乏で苦しんでいるというのに、アフリカのボツワナでなんと象狩りを楽しんでいたことがあげられた由です。（「産経新聞」二〇一四年六月三日）

2 二〇〇八年四月二十日、エルサレムにある聖墳墓教会で、キリスト教正教会の「聖枝祭」のさなか、礼拝に出席していたギリシャ人とアルメニア人数十人の間で乱闘が起こり、警官隊が仲裁のために教会内になだれ込む騒ぎが起きました。乱闘は、ギリシャ正教の司祭をアルメニア人の礼拝出席者らが教会から追い出したことから始まったものです。聖墳墓教会はキリスト教で最も神聖とされる施設の一つで、キリスト教の各派が共有しており、各派分担で厳重な警備を行っていますが、しばしば乱闘が起きています。（ＡＦＰ通信）

3 中国の国家主席だった毛沢東が主導した文化大革命では、大量の粛清や殺戮が行われ、その犠牲者は数百万人から一千万人以上ともいわれていますし、大躍進政策の失敗では二千万とも四千万ともいわれる餓死者を出しました。

あとがき

様々な支障のために……とは言ってもその大部分は年のせいで根気も体力もなくなったことに過ぎないのだが……丸三年もかかってやっと書きあがったこの本を、今改めて通読して強く感じたことがある。それは幼少の頃から人間よりも鳥や虫といった生き物が何よりも好きで、無機的な喧噪と雑踏の渦巻く都会が大嫌い、だからあらゆる生命の溢れる森や野原の中で暮らすことが性に合う自然児の私が、ありがたいことに何とかここまで**全く我流**の、人類の来し方行く末を高みから俯瞰（bird's eye view）しながらの「言語と文化の研究」をまとめることが出来たという感慨である。

戦争末期の深刻な社会混乱のおかげで、自分の望む「動物学部を持つ地方の大学」に進むことが出来ず、やむなく予科三年間の勉強が動物学部と殆ど同じ内容で、そのうえ自宅から通うことのできる慶大医学部を私は選んだ。しかしそこで集中的に学ばされたドイツ語（当時はまだ世界はドイツ医学全盛の時代だった）と、医学用語の理解に必要なラテン語（と古代ギリシャ語）の手ほどきを受けたことが契機となって、もともと言葉好きでもあった私は結局医学部を中途で飛び出して文学部に移り、言語学で身を立てることになった。

そして私のごく初期の学術論文の一つが「鳥類の音声活動――記号論的考察――[注1]」という、当時の世界の言語学の常識を破るものであったことを見てもわかるように、人間の活動を人間の立場だけから見て研究するということは、なんとも手前勝手なことであるというのが、私の学問の一貫した姿勢であった。このことが今回の本においても、私たち人間は決してこの地球上で他の生き物から隔絶した特別に優れた存在ではなく、所詮数ある生物の一員でしかないことを忘れてはいけないというテーマとして、ある時は主題となりあるときは通奏低音となっていると思う。

私はこれまで色々な形でかなりの数の著作を発表しているが、今から約四十年前に初めて出版した、日本語のいわゆる人称代名詞の特異な性質や、日本人の飼い犬の扱い方に表れている、欧米人を中心とするユーラシア大陸の人々とはまったく異なった日本人の残酷観などをとりあげた『ことばと文化』[注2]以来、どの著作でも、日本が明治以後やむなく全面的に受け入れた西欧的な世界観や価値観が、先進国の一員と認められるようになった現在でも、我々日本人にはどこかしっくりしないのは何故だろうかと言う疑問を、何らかの形で扱っている。

そして私がこの問題に一応の決着をつけたのが『日本人はなぜ日本を愛せないのか』[注3]において発表した、日本文明の基底構造が【魚介＋穀物複合体】であるのに対して、ユーラシア文明のそれが【家畜＋穀物複合体】であるためだという考えであった。私の見る両者の決定的な違いは、ユーラシア型の文明が異質の他者（人間だけでなく動物も含む）と対決し、これを支配し隷属させる攻撃的な自己中心的ヴェクトルを本質とするものであるのに対して、日本型の特徴は魚介という対象が、そもそも人間がそれと対決して自分の支配下に置き、命令し隷属させることのできる対立者ではないがゆえに、結果として動物を含む他者にたいする強い対決的な姿勢が生まれにくく、共存共栄の融和的な対人関係が育つことになった点にある。

この様に本質的には自己主張の弱い非折伏的な柔らかい文明を持った小さな日本が、一九世紀中葉から西欧列強という、自分が出会う相手をすべて支配し隷属させずにはおかない対決拡張型の、強靭なメシアニズム的精神構造をもつ国々の力による進出に巻き込まれ、翻弄されながらも現在まで辛うじて独自性を保ちえたのは、なんといっても日本の恵まれた地政学的な条件のおかげが大きかった。日本という国はまさに彼らにとっては世界の果ての最も遠い極東にあって、しかもユーラシア大陸と地続きでなかったからである。

ところが近時の異常ともいえるほどの電子情報技術の急速かつ大規模な発展により、これまで世界中に広がって、それぞれが特異な個性を維持してきた人類の様々な社会集団を、相互に隔ててきた距離と時間が、急速に消滅し始めた。その結果あらゆる国の人々が等質の情報を同時に共有でき、そのため世界の諸文明が一つの強力な西欧型文明に収斂し始めるという、これまでの人類の多様な生き方を大きく変える未曾有の事態が日々加速度的に進行している。

そして日本も後れを取ってはならぬとばかりに官民ともに躍起となってこの流れに乗ろうとしていることは、いまの政府の掲げる重点政策の中心が、デフレを一日も早く脱却して、**さらなる成長**を遂げることに置かれていることをみれば明らかである。

しかし私はこの姿勢は間違っていると思う。一九世紀末の遅れた日本が、僅か百年余りで経済や技術の点で先進欧米諸国のレベルに追いつき、いくつかの分野では一時《いっとき》追い抜くまでに急成長することが出来た理由は、日本人が完全に西欧的な考え方や価値観世界観を身につけることに成功したためではなく、むしろ西欧とは異なる日本的な人間観や社会観を基本的には残しながら、江戸時代に培われた高い民度に支えられて、古い日本ではあまり発達していなかった客観的普遍的な性格の強い科学技術や理化学を重点的に学んで取り入れることが出来たからなのである。

これこそが本書の冒頭で、現在の日本文明は実は古代性と現代性を併せ持つ二重構造を内蔵した「二枚腰文明」であるがゆえに強いのだと私が述べたことの意味である。日本が直面した一九世紀末の西欧主導の新しい世界で生き延びるためには、和魂洋才の旗印のもと脱亜入欧の道を選ぶ以外に日本の生き残る道はなかったという意味では、最良の選択なのであった。


しかし今は違うのである。二枚腰文明をまだ辛うじて保持している日本の立位置からは、これから人類の進むべき道が、もはや欧米諸国の目指す旧態依然とした更なる経済発展の方向にはないことが、はっきりと見えるからである。

生物の一種に過ぎない人間だけが、収容能力の限られた宇宙船地球号に乗り合わせた人間以外の無数の乗客を、今のスピードでどんどんと窓の外に押し出しながら増え続ければ、肝心の人間自身も、やがてどころか急速にあらゆる存在基盤を失って自滅するほかないことは明らかである。このことは生物多様性の激減、特定の資源の枯渇、食糧や水の不足と言った深刻な問題と取り組んでいる先進国の科学者たちにはちゃんと分かっているのだ。そして科学者以外にもこのことを肌で感じている人は決して少なくない。ただ世界中に散らばっているこれらの人々の声は、これまでの人類の生き方に馴れ、身近なこと自分たちのことだけに関心のある大衆にはほとんど届いていない。その大衆に気に入られなくては職を失う各国の政治家は、たとえ分かっていても動けない。ではどうすればよいか。

その一つの回答がこれまで様々な文明の恩恵を受け、今や世界も羨む平和で豊かな先進国家となった日本、古代的な生き方の伝統がまだ残っている私たちの日本こそが、ものごとすべてを国と言う極めて人工的な単位、しかも人類の歴史から見てもごく短い伝統しかない考え方を絶対とする立場[注4]がいかに危険な誤れるものかを、世界に向かって堂々と公的に表明し、問題の解決を模索する道を先頭に立って切り開く努力をあらゆる面で少しずつでも始めることである。

このような誰が見ても不可能に近い新しい生き方は、それに気が付いた者が、その人のできる範囲で、倦《う》まず弛《たゆ》まず声を大にして主張することから始めるほかはないと思う。私のこの小さな本は、すべての人はこれからは単なる地球人ではなく**地救人**になるべきだ[注5]という私の年来の考えを、言語生態学的な文明論のかたちで改めて世に問うものである。

二〇一四年八月

鈴木孝夫

注

1 「鳥類の音声活動――記号論的考察――」一九五六年、『言語研究』第三十号、日本言語学会発行

2 『ことばと文化』一九七三年、岩波新書

3 『日本人はなぜ日本を愛せないのか』二〇〇六年、新潮選書

4 近代ヨーロッパの国際秩序を規定したこの考えは一六四八年に締結されたウエストファリア条約以来のものである。

5 『人にはどれだけの物が必要か』二〇一四年、新潮文庫

本書は書下ろしです。
本文図版製作　アトリエ・プラン

新潮選書

日本《にほん》の感性《かんせい》が世界《せかい》を変《か》える　言語生態学的文明論《げんごせいたいがくてきぶんめいろん》

著　者………………鈴木孝夫《すずきたかお》

発　行………………2014年9月25日
3　刷………………2015年5月15日

発行者………………佐藤隆信
発行所………………株式会社新潮社
〒162-8711 東京都新宿区矢来町71
電話　編集部 03-3266-5411
読者係 03-3266-5111
http://www.shinchosha.co.jp
印刷所………………二光印刷株式会社
製本所………………株式会社大進堂

乱丁・落丁本は、ご面倒ですが小社読者係宛お送り下さい。送料小社負担にてお取替えいたします。
価格はカバーに表示してあります。

ISBN978-4-10-603756-6 C0395

閉された言語・日本語の世界　鈴木孝夫

日本人の自国語観の特殊性を明らかにし、広い視野で日本語の特性を再考する。今日の国語問題の核心をつき、日本人論、日本文化論に及ぶ卓越した日本語論。《新潮選書》

日本人はなぜ日本を愛せないのか　鈴木孝夫

強烈な自己主張を苦手とし、外国文化を巧みに取り込んで〝自己改造〟をはかる国柄は、なぜ生まれたのか。右でも左でもなく日本を考えるための必読書。《新潮選書》

日本・日本語・日本人　大野晋　森本哲郎　鈴木孝夫

日本語と日本の将来を予言する！　英語第二公用語論やカタカナ語の問題、国語教育の重要性などを論じながら、この国の命運を考える白熱座談二十時間！《新潮選書》

「里」という思想　内山節

グローバリズムは、私たちの足元にあった継承される技や慣習などを解体し、幸福感を喪失させた。今、確かな幸福を取り戻すヒントは「里＝ローカル」にある。《新潮選書》

炭素文明論　「元素の王者」が歴史を動かす　佐藤健太郎

農耕開始から世界大戦まで、人類の歴史は「炭素争奪」一色だった。そしてエネルギー危機の今、また新たな争奪戦が……炭素史観で描かれる文明の興亡。《新潮選書》

自爆する若者たち　人口学が警告する驚愕の未来　グナル・ハインゾーン　猪股和夫訳

テロは本当に民族・宗教のせいなのか？　人口データとテロの相関関係を読み解き、危機の本質を問い直す。海外ニュースが全く違って見えてくる一冊。《新潮選書》